游泳运动科学训练与监控

陆一帆　方子龙　张亚东　主编

北京体育大学出版社

策划编辑　汪　蕾
责任编辑　张清垣
审稿编辑　熊西北
责任校对　文华工作室
责任印制　陈　莎

图书在版编目(CIP)数据

游泳运动科学训练与监控/陆一帆,方子龙,张亚东主编. - 北京:北京体育大学出版社,2007.3
ISBN 978 - 7 - 81100 - 691 - 9

Ⅰ. 游…　Ⅱ.①陆…②方…③张…　Ⅲ. 游泳 - 运动训练 - 研究　Ⅳ. G861.102

中国版本图书馆 CIP 数据核字(2007)第 019684 号

游泳运动科学训练与监控
　　　　　　陆一帆　方子龙　张亚东　主编

出　　版	北京体育大学出版社
地　　址	北京海淀区中关村北大街
邮　　编	100084
发　　行	新华书店总店北京发行所经销
印　　刷	北京市昌平阳坊精工印刷厂
开　　本	787×960 毫米　1/16
印　　张	14

2007 年 3 月第 1 版第 1 次印刷
定　价　30.00 元
(本书因装订质量不合格本社发行部负责调换)

编　委　会

前　　言

此书是我们多年游泳科研实践的一些总结及对国外优秀运动实践文献的归纳，基本上可以反映目前游泳训练中的一些科研理论与实际操作中的重点看法及观点。在体育生物科研过程中，难以评价具体的手段和方法的正确与错误，必须结合运动实践以及高度个性化特征进行辩证思考。对于游泳训练中的基本规律问题，我们的认识仍存在大量的迷惑，需要不断地总结和分析。

此书的完成，是众多科研人员共同努力的结果。彭朋同志花费了大量的精力和时间对书稿进行最终的修订，徐刚、闫会萍、李飞霏、韩丽娟、黄文聪、李瑞杰、张大超等同志做了大量的文字工作，在此一并表示感谢。

陆一帆

2006 年 9 月

目　　录

第一章　游泳科学训练的理论基础

游泳运动成绩取决于体能和技术两部分，体能是基础，技术是保障，技术训练和体能训练是相辅相成、缺一不可的。游泳是处在水这一特殊的环境，游泳并非人的本能，人要象鱼一样在水中游动，必须掌握游泳技术。俄罗斯的科研人员把游泳称为"是一项以生物力学与生理相结合的运动"。训练的强度、数量、间隙时间、时间多少都要取决个体的性质，训练强度过高，数量过多，破坏了个体的整合状态，反而对成绩产生负面影响。

多年以来，游泳教练员认为要提高速度，就要提高训练量，增强力量，因此花费大量的精力，增加运动量，尝试各种力量训练的方法，开始时效果不错，可到达一定数量后，效果并不显著。有些教练看到国外部分优秀运动员完成的训练强度很高，认为我们的差距就在强度。从表面上看我们的差距是强度，但这些运动员大都具有出众的技术。实际上，我们的差距是保持正确身体能力。

生理必须与生物力学相结合，生理才能产生积极影响。例如，当青少年运动员在生长发育阶段，骨骼生长得很快，肌肉生长跟不上骨骼生长，此时如果不加强力量训练，就会影响正确技术。又如有些世界优秀成年游泳运动员很重视力量训练，这些力量训练的目的是保证在高强度训练中技术的正确性，以及防止伤病。

正是通过科学研究和运动实践，训练方法不断革新和创新，才使得游泳成绩不断提高，游泳新纪录不断涌现。游泳运动发展的经验表明：随着科学技术的发展进步，游泳运动员的训练方法每隔 10～12 年就周期性地发生一次重大变革。每次变革都与科学技术的发展以及人们对流体与肢体动作之间的相互作用的认识或规则的变更有很大的关系。

可见，每一个训练理论的诞生和发展，都会对原有的训练观念形成巨大的挑战，并能够在一定时期内影响和带动游泳运动及专项训练水平的提高。因此，对于游泳运动训练理论及方法进行不断的思考和研究，将有助于对过去一段时间内游泳运动训练的情况进行回顾和总结，同时，也将有助于推动游泳运动训练的科学化进程。

我国在开展游泳训练理论研究方面起步较晚。20 世纪 80 年代以前，我们几乎没有系统全面地开展过关于游泳训练理论方面的工作，只是借鉴了当时其他先进国家的训练理论和方法来指导国内优秀游泳运动员的训练。由于没有完备的训练理论作为基础，再加上国内大环境的影响，我国的游泳运动水平在 60 年代以后逐渐下降，并拉大了与世界游泳运动水平的差距。改革开放以后，游泳界在 80 年代初进行了一系列的改革，通过"走出去，请进来"，吸收国外先进经验，初步形成了具有我国游泳运动训练特色的主要训练理论观点和指导思想，并迅速把这些理念溶入运动实践当中，为当时我国游泳运动成绩快速恢复和提高做出了应有的贡献。

从近些年的发展历程来看，我国在游泳训练方面也形成了很多新的思路，同时也遇到很多新的问题。面对目前国外游泳运动水平在短短几年内的迅猛提高，我们意识到理论研究的迫切性和重要性。特别是在总结和发展具有专项特点的训练理论方面更是具有现实意义。因此，我们有幸能够承担这项艰巨的工作，也深感责任的重大。

优秀游泳运动员的训练的安排问题是一门艺术，远非本文所能涵盖。目前我们尚没有形成一套完整的具有可靠科学原理和技术结构证明的成功的游泳技术训练的理论体系。游泳运动训练生理生化监控需要加强与运动生物力学、运动心理学、运动医务监督等的合作。运动员作为一个由细胞组成的复杂巨系统，其某一子系统（方面）的改变都可能是另外子系统改变的原因与结果。运动生理生化与运动生物力学、运动心理学、运动医务监督是一线游泳运动训练的不同方面，运动生物力学从运动员动作技术角度进行运动训练的技术优化，运动心理学从运动员心理状态角度进行运动训练的恢复等，运动医学监督从运动员疾病防治角度进行运动训练计划的正常实施。

第一节　游泳训练的生理适应观

不同形式和方法的训练产生的生理适应性不同，例如：在短距离训练中，肌肉要承受强度负荷，就好像是要提起重物；在耐力训练中，肌肉承受耐力负荷。耐力和速度成绩不会被同一种训练提高或限制，大多的运动训练科学都涉及确定限制因素，并且现在已经发现了很多什么是最重要的。

每种训练方法都是专项训练刺激与适应的综合，也就是说每种训练都对机体引起不同的刺激和适应，最好的例子就是最大力量的训练。力量训练可以增强肌肉力量，但不会提高肌肉耐力和收缩速度。这种原则同样也适用于不同距离的游泳运动，长距离游泳运动员与短距离游泳运动员的训练方法肯定不一样，前者主要侧重于耐力训练，后者主要侧重于强度训练。通常，所有运动员都要进行各种训练，这似乎与专项训练相矛盾，但这是游泳运动本身的反映，因为很少有运动员仅仅只参加短距离或长距离的比赛。

训练研究者把机体对刺激的适应分为两种：全身性的和局部的适应。例如，任何耐力运动，不论是游泳、长跑还是自行车，都会提高整个心血管系统的能力；但跑步和自行车不会提高与游泳有关的神经肌肉耐受力。通常，运动训练学把全身适应和局部适应定义为一般适应和特殊适应，而这些又被分为力量、耐力、速度的一般适应和特殊适应。其中耐力训练又可分为有氧耐力、乳酸耐受力和速度耐力训练；力量训练分为绝对力量（最大力量）、力量耐力和速度耐力（爆发力）训练。

1. 耐力训练的生理适应性

在游泳比赛中，对特殊性的最佳理解就是搞清楚不同的长距离训练对机体的生理作用。方法的不同以及他们的特殊作用是根据训练中无氧与有氧的供能比以及训练的累计效应来界定的。

1.1 长距离训练

定义：持续游很长的距离，像400米、800米、1500米甚至更长的距离。

有氧和无氧供能百分比：70～95%有氧，30～5%无氧。

生理变化：这种训练对氧运输系统的要求很多，机体的适应有：心输出量和每搏输出量增加；安静时心率减慢；肺从空气中摄氧的能力提高；肝脏和肌肉储备糖原的能力提高；肌肉中功能毛细血管的数量增加；肌纤维中线粒体的数量、体积和组成增加。

1.2 间歇训练

定义：以较低和中等强度训练，中间有较短时间的休息，像15个100米游，每两次之间休息10秒钟。

有氧和无氧供能百分比：55～85%有氧，45～15%无氧。

生理变化：这种训练引起机体的变化，与上面提到的长距离训练相似，但与后面将提到的重复训练的作用有较大的差别。这种训练与长距离训练相比的一个好处是，间歇时有很多可用于下一个训练的ATP、CP再合成，提高了机体氧化乳酸的能力，而乳酸的及时清除可以防止它的堆积，这有助于提高工作能力。乳酸阈（血乳酸，无氧供能的开始）被看作是机体耐酸能力的一个评价点，乳酸的氧化是根据负荷量和氧气量进行的。所以，与持续训练相比，间歇训练的强度再大、引起的乳酸再多，也不会造成乳酸的堆积。在间歇休息中，前一次训练的氧债补（上次训练中不足的氧的补充）可以帮助机体恢复体温、平衡儿茶酚胺水平、帮助脂肪酸氧化、再储备心脏和呼吸系统中的氧气、再氧化肌红蛋白等等。

1.3 重复训练

定义：次大和最大强度训练，较长间歇休息，像4个接近最大速度的150米游，每次间歇休息5～10分钟。

有氧和无氧供能百分比：30~50% 有氧，70~50% 无氧。

生理变化：这种训练中大部分的 ATP 来源于糖酵解过程。而糖酵解所需的酶也存在于肌细胞中。随着训练的进行，肌细胞中糖原和催化剂的储备明显增加。这可能是重复训练引起的机体的最主要的适应。据猜测，这种训练中高浓度的乳酸可能是机体氧合和氧运输增强的刺激因素，因此，引起了功能毛细血管的增多、线粒体数量和质量的提高以及血液生化的良性变化等等。

1.4　爆发训练

定义：短距离冲刺游，像 10 个 25 米全速游，每次间歇休息 20 秒~2 分钟~5 分钟不等。休息中，大约前一次所消耗的 ATP、PC 的 80~90% 可以得到恢复。

有氧和无氧供能百分比：85% 无氧，15% 有氧。

生理变化：这种训练提高了神经肌肉的协调性，从而使肌肉收缩速度增加。肌肉中的磷酸盐水平有可能提高，因此运动员可以以最大速度游更长时间。

以上 4 种训练方法的分开定义，并不意味着它们不可被综合应用。像中速间歇训练（15 个 100 米，30 秒间歇休息）的无氧功能比大于间歇训练，但又低于重复训练，是一个很好的综合应用的范例。4 种训练方法以及它们的变化和联合都以肌肉中保持较高水平的 ATP 为基础，以有氧形式产生的 ATP 越多，训练方法越好。任何能提高氧气的运输和利用、机体的耐酸力增强的训练都是对运动员有益的训练。

2. 力量训练的生理适应性

力量训练引起的生理适应与中间代谢关系不大，主要是骨骼肌和神经方面的适应。

2.1　骨骼肌适应性

力量训练引起的最主要的良性变化是肌肉中收缩物质的增加，主要是收缩蛋白的增加，使得肌细胞肥大，表现为肌组织的肥大、肌肉体积增加。同时，肌肉的收缩力和张力增强。除此之外，力量训练还引起了肌肉中连接组织的增多，从而使肌肉以及它的连接组织的牢固性增强，还使肌肉附着处的骨骼更加坚固。

强调爆发力发展的力量训练，对肌肉中的非收缩组织或者说伸展结构的影响最大。包括肌腱、肌膜和肌细胞中其他非收缩组织。这种训练可使肌肉弹性组织增强，最终导致肌腱和其他弹性组织数量增多并更加坚固。肌肉中弹性组织增强有三方面作用：作为肌肉中收缩组织与外交负荷之间的缓冲物质，减弱运动中的外界冲击力；加强不同运动形式的快速转换，为以后收缩累积机械能；与单纯肌肉收缩蛋白收缩相比，弹性组织吸收的能量可以使肌肉产生更快的收缩速度。

2.2　神经适应性

力量训练引起的神经系统的变化主要发生在与运动相关的中枢神经系统：运动神经中枢。除中枢运动神经之外，还有外周运动神经，它由运动神经原或 α 运动神经纤维组成，主要支配肌细胞。一个 α 运动神经纤维和它所支配的肌纤维构成一个运动单位，力量训练的最主要的适应是机体在抵抗外界负荷时运动单位的影响。包括参与收缩的运动单位数量的增多、运动单位动员的速度加快、不同肌肉收缩的同步性增强及整体上提高肌肉收缩水平。

发展力量－速度或爆发力的力量训练对神经系统的反应性能的影响最大。这涉及到神经系统不随意成分之间的协调作用，包括某些伸展活动及其对随意运动的直接影响。通过训练，神经系统能力的提高可以加快肌肉紧张以及收缩速度。这些是通过大量运动单位的补充，以及对运动单位的高频刺激的快速转换来实现的，尤其是在运动的初始阶段。

3. 生物时间的应激及其适应性

目前，有关不同训练方法的刺激及其身体对它的适应这方面还不是很明确，但同等重要的是刺激和适应怎样在时间上的表现。我们把研究时间对生命系统影响的科学称为时间生物学，而这个用语首先出现在生理周期的研究中。在运动训练中，它同样扮演着重要的角色，这就要求训练要选择最佳时期，以使机体对训练和比赛的刺激产生最好的适应。

大多有关刺激和适应在时间上的表现的理论都是从 Hans Selye 的理论基础上发展而来的。从对动物施加负荷的试验中，Selye 发现机体对刺激的时间反应是一个可预期的综合症，被他称之为一种模式，即后来的机体一般适应模式。一般适应模式中把机体对刺激的适应描述为 3 个阶段：

（A）警觉反应：机体对外界刺激的初始反应。此时，它的应激被减弱，如果刺激因素足够强的话——严重烧伤、极端温度，将可能导致死亡；

（B）抵抗阶段：如果刺激与适应相一致，应激将继续。身体警觉反应的标志性特点消失，应激水平上升并超过正常值；

（C）耗竭阶段：长期的同种刺激，机体逐步适应，最终适应完成。警觉反应再次出现，但是这次是不可逆的，机体死亡。具体见图 1－1。

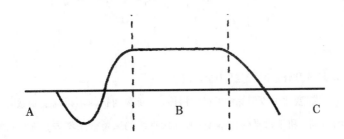

图 1－1　机体对应激一般适应的三个发展阶段

3.1　适应模式

最初的模式包括 Yakovlev（1967）提出的超量补偿适应（图 1－2）和 Counsilman（1968）提出的高级适应（图 1－3）。两种模式基本上与 Selye 模式相似，但有关训练在适应过程中的作用的观点不同。这种不同产生了两种如何施加负荷的建议：

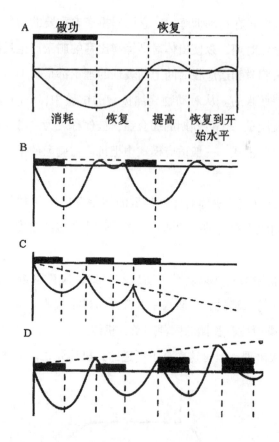

A. 训练和休息时警觉反应的水平。

B. 成绩变化阶段训练中的机能潜能。a 负荷对机体不再构成刺激时进行同样的训练，机能水平保持不变；b 前次训练的遗留效果消失，进行重复训练，机能水平没有变化。

C. 如果训练重复出现在机体未完全恢复，机能水平将下降。

D. 如果每次训练在前一次的超量恢复阶段，随着负荷量的逐渐增加，机体机能水平也将逐渐升高。

图 1-2　Yakovlev 的刺激和适应模式

Yakovlev 和 Counsilman 模式均赞同 Selye 基础理论方面。都认为对物理负荷的反应与警觉反应是一致的，并以工作能力下降或疲劳发生的形式出现。但是与 Selye 和 Counsilman 不同的是，Yakovlev 认为适应的

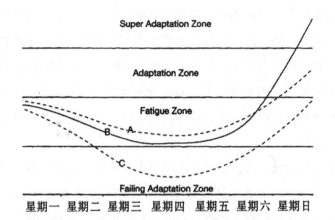

图1-3 Counsilman 的刺激和适应模式

发生（应激的增加）仅在负荷或刺激撤除之后；机体从疲劳中恢复，并在恢复之后产生超量补偿，机体工作能力超过原始水平；Yakovlev 建议这期间要增加负荷，要不然将产生退化，适应最终逆转。这就引出了理论：适应的发生是一个有次序的循环状态：负荷－无负荷－加大的负荷－无负荷，形成一套训练恢复的理模式。尽管 Yaklvlev 模式将整个训练过程过分简单化并有一定程度上的误解，但他指出了"刺激产生适应"这种方法中休息或是恢复的重要性。

　　Yakovlev 的超量补偿模式经常被国外的运动训练文献所引用。但这个模式所产生的训练方法需要解释一下。Yakovlev 模式是在对单一负荷的研究上建立的，单一负荷是指仅仅发展机体某一方面能力的负荷。这就像专项训练，仅仅影响了所练部分的机能，而对其它的没有作用。这种单一模式产生了训练多方法体系，建议在一种训练过程中只有一种能力被刺激。

　　但在游泳训练中所采用的方法大多是综合训练，也就是说在一个训练过程中，可以同时训练几种能力。这种情况下，负荷是累计进行的。Counsilman 的高级适应模式是以负荷上再加负荷的理论为基础的。但在此模式中有两个重要因素需要考虑：一是决定超量恢复水平的累积负荷的大小，如果负荷超过了不适应的界限，将会引起机体工作能力下降；

二是要求至少有一周的不完全恢复作为必要的刺激，为下次循环之前适应的再次发生提供条件。同样，还要考虑到连续训练过程中的累计负荷量，以防止不适应的发生。Yakovlev 指出了引发不适应的潜在因素，但他认为是恢复前又有负荷。而 Counsilman 认为，高到某一特定点，机体承受负荷时也有适应发生，并不在继续恢复，但他没有指出为完全恢复而降低负荷。

为了达到最大耐力，运动员要进行多大的负荷训练，对疲劳的忍受要到什么程度？疲劳后是休息还是继续训练？是不是应该再增加负荷量，以至于他在休息时不能恢复？是不是总要保持轻度的疲劳？这是很多中长项目的教练员所经常问到的问题，图 1-3 是 Counsilman 对此做出的解释。

A. 表明运动员周一到周五以中等强度训练，周六和周日降低负荷，身体开始恢复并超过周一的水平。

B. 表明运动员周一到周五以足够大的强度运动，使自己到了不适应的边缘，随着周六周日的负荷降低，他出现了超量恢复。

C. 表明运动员的强度过大，以至于到了不适应的阶段，即使负荷降低也未能恢复到正常水平。

为了达到超量恢复，运动员必须进行足够大强度的训练，降低负荷前应使自己到达不适应的边缘（像 B）。Matveyev 提出的模式综合了 Yakovlev 和 Counsilman 的观点，将负荷~适应循环模式解释得更加准确。他同时强度了对长期不完全恢复和训练末期超量恢复的需求，并通过在训练循环末期降低负荷来实现。

再储备或是恢复期补偿了由于负荷疲劳造成的机体工作能力的下降，引发适应的产生。由于这种现象，训练循环被称为超量补偿循环，相应的适应则被称为补偿适应。见图 1-4。

3.2 适应差异性

除了适应的循环，生物体内不同运动能力的提高速度也是不一样的，这被称之为适应的差异性。这种不同的提高速率决定了不同负荷的

游泳运动科学训练与监控

10

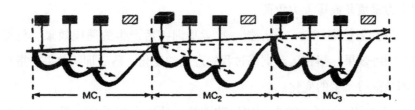
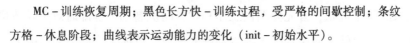

MC-训练恢复周期；黑色长方快-训练过程，受严格的间歇控制；条纹方格-休息阶段；曲线表示运动能力的变化（init-初始水平）。

图 1-4 Matveyev 的适应模式

持久性和相互作用，保证运动员在重大比赛之前达到整体状态的补偿适应。这个现象在训练周期划分中是一个很关键的决定因素。而训练周期划分决定着训练过程的组织，从整体上规划不同训练的连续性及侧重点，把训练总体时间中止在重大比赛之前。

Volkov 指出了不同运动能力适应的差异性与有氧能力相关的适应变化需要较长时间的训练有关；能产生高收缩能力的肌肉中特殊蛋白的合成也很慢。但是，一旦训练产生适应，这些变化在长时间内将会保持在较高的水平。

在运动负荷的影响下，与糖酵解无氧过程相关的生化变化要比有氧的快得多。但他们在训练结束后消失得也更快。这种机体对运动负荷的特殊适应应从以下角度研究：训练负荷量和在整个训练过程中不同时期的安排。

3.3 训练作用

补偿性适应和适应的差异性是训练效果现象中两个重要的因素。而训练的不同效果包括以下几点。

（1）多项训练效果：这是多种运动负荷共同作用产生的效果。他们包括以下几种负荷产生的训练效果：耐力负荷和力量负荷。耐力负荷又包括有氧耐力负荷、乳酸耐力负荷或无氧耐力负荷、速度耐力负荷或循环速度负荷；力量负荷则包括最大或绝对力量负荷、力量耐力负荷、速度力量负荷或爆发力负荷。

（2）急性训练效果：是指一次运动训练后产生的适应效果。包括急性训练效果，指在运动训练过程中产生的变化；落后训练效果，指运动刚结束后产生的变化。

（3）训练的延迟效果：比运动训练延后的训练效果。要了解延迟效果的作用机制，首先要明白工作和休息的机制。训练即时效果导致机体工作能力低于原始水平。随着训练的进行，机体工作能力的增强或下降，被认为是机体工作动力的变化，这构成延迟训练效果的机制。

训练的延迟效果有两种：短期的和长期的。短期是指两次训练之后的，机体工作能力的变化；长期是指一个整训练周期之后的变化。

＊ 短期训练的延迟效果

短期训练的延迟效果有 3 种。它是依据不同的训练方法产生的负荷量的变化和恢复时间的不同。i 两次训练之间休息时间较短、机体未完全恢复，并且负荷量每次逐渐增加；ii 两次训练之间休息时间较长，每次的负荷量不变化或增加，每次之前机体完全恢复到原始水平；iii 两次训练之间机体达到超量恢复，通过较长时间的休息或运动负荷的降低实现。超量恢复状态可以在紧接着的训练中对机体产生更深的刺激。训练中一般 3 种都会用到。第 ii 种主要是让运动员重复某种运动负荷，为的是巩固或保持它的效果；一般不会增加负荷量和负荷强度。第 i 种和第 iii 种是真正的提高机能的训练恢复循环。（见图 1-4）

＊ 长期训练的延迟效果

长期训练的延迟效果至少需要一周才会达到，前面 Counsilman 和 Yakovlev 已提出。据发现，这种长期的不完全恢复和工作能力的下降，在最佳状态来临前可以延续几个月甚至几年。例如：集中力量负荷训练导致此期间速度~力量的下降；但一旦力量负荷撤除之后，速度~力量最终会增加并超过初始值。（见图 1-5）

游泳运动科学训练与监控

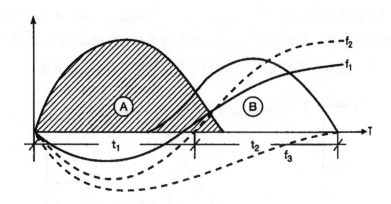

1. 集中力量训练的长期效果的模式（引自 Verkoshansky, 1983）

集中力量训练的长期效果的计划：

A：集中力量负荷，B：一般发展训练

f1 和 f3：训练过程中力量速度的动力学变化

f1 和 f2：最佳力量负荷范围

f3：力量负荷的储备水平

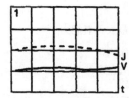 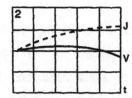 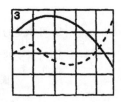

2. 不同力量负荷和他们对力量－速度的影响（引自 Levchenko, 1984）

①以一个稳定的负荷（年训练总量的 5～8%/月）训练，速度－力量将保持在达到的水平。这种方法主要用来保持；

②以平均负荷（年训练总量的 12～18%/月）训练，随着训练的进行，速度－力量逐步增加，用来发展力量；

③以大负荷（>年训练总量的 20%/月），速度～力量水平下降。降低负荷后，速度－力量急剧增加。表明这种方法有发展性，并有延迟效应。

图 1-5　不同力量负荷的长期训练效果

另一个例子，高原训练最初引起机能下降，但回到平原后，运动员机能恢复并超过初始水平（见图1-6）。训练减少，给机体延迟效果必要的刺激，提高有氧能力。延迟效果训练类型的选择要依据运动员的训练水平，随着水平的提高，教练员应适当调整负荷来适应变化。

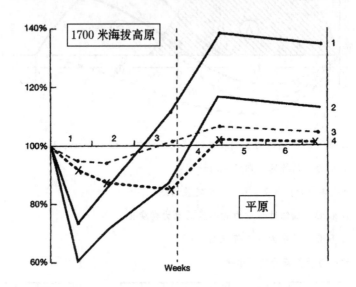

1. 可承受的最大运动量水平　　2. 可承受的最大无氧能力

3. 可承受的乳酸耐力水平　　　4. 最大有氧能力

图1-6　游泳运动员机能指示动力学

（引自 S. M. Vaisckhovsky 和其他，1974）

❋ 累积训练效果

指多次训练后产生的效果。通过一定多次的训练，对机体产生的影响，是逐渐加强的。

❋ 训练的正向和反向效果

同种运动训练中不同负荷的相互有益或有害效果，例如：不同的耐力训练互相的有益或有害效果。每种类型训练中不同负荷在对整体产生作用的过程中，本身的相互作用。每种训练的累积效果都对其他的有影响，但不一定都是好的。

在前一次的训练效果基础上加负荷，积极或消极影响将会发生。如果上次训练之后机体状态良好，这将有积极训练效果；若状态不好，则是消极的训练效果累积。在影响耐力和循环速度负荷训练中，主要要考虑能源物质再储备和神经内分泌失衡。例如，有氧和无氧耐力负荷对循环速度负荷的作用，无氧乳酸负荷的积极作用发生在前一次负荷的再储备完成。

而在耐力负荷训练中，保持好的状态要考虑的因素：无氧乳酸负荷后的有氧耐力、低量乳酸负荷后的有氧耐力和乳酸负荷后的无氧工作能力。对一些条件对耐力负荷产生负面影响：高负荷无氧乳酸负荷后的无氧乳酸能力，和大运动量有氧负荷后的无氧能力。

为保证长期累积效应，最主要目标是达到正向累积效果。在耐力和循环速度训练中，训练次序为：基本有氧耐力－乳酸耐力－速度乳酸耐力。基础有氧耐力是进行无氧工作的基础，如果有氧能力不够时，进行过多的无氧训练将会导致负面效果。而在力量训练中，训练次序：绝对力量（最大肌力）－速度力量或爆发力。耐力所需的特殊力量训练，训练顺序：最大力量－力量耐力－速度－力量耐力。如果将训练次序颠倒的话，将会引起负面效果。而在实际训练过程中，正面效果的获得并非单一、严格按顺序发展的，而是多种训练方法的综合的结构，只是不同时期的侧重点不同。对于游泳运动员来说，训练要本着从一般到特殊的原则。

❋ 训练的效果转移

指每次训练中某种类型训练对其它能力的有益或有害效果，例如：力量训练对速度的正面或反面效果。

这方面的研究中，通常以力量训练对耐力的影响为例，最为频繁的是力量训练对速度的影响。虽然力量训练对速度有益，但绝对力量的过度发展最终会对速度能力产生负面效应。这是一个很有代表性的例子，就是某种训练效果的转移开始可能有好处，但最终会产生负面效果。

力量训练对耐力有积极的影响。但是，过度的力量训练最终对耐力

15

产生负面效果。因此，对于长期的运动训练计划的安排，就要求最佳时期安排最适应的运动训练。例如，在长期或是年度训练计划的安排中，当目前所需的或是以后要求的力量已达到，就要降低力量的负荷量，防止进一步的训练带来负面效果引起运动成绩的下降。一般在季度或年度计划中，当对循环速度的要求提高时，就要相应地降低力量负荷，原因是高负荷的力量训练将对神经系统产生深刻影响；因此要重点强调速度的发展。尽管大多数的教练认为，力量、耐力和速度可以在训练中同步获得，但某种专项能力的发展绝对不能超过一定水平，否则将会影响运动员备战的整体状态能力。

同样还有一种方法，即利用训练的负面效果。刚开始训练的运动员，预先安排的大运动量会影响运动能力，因此可以利用其他训练的负面效果来延迟或阻碍这种影响的发生。例如，运动员被预先安排进行大负荷的力量训练，这对速度将有影响，就可以选择长期的耐力训练来综合力量训练的影响，还可有别的方法，例如改变饮食结构防止肌纤维的过度增生。但这要求教练员对运动员的训练安排有整体的、全面的、周密的计划，更多地了解运动训练的力理论和方法。

✳ 训练效果遗留

指负荷撤除后还保留有的训练效果，以及到这种效果完全消失的时间。

高水平的运动员长时间降低训练负荷后，仍可取得好成绩；还有优秀运动员停训很长时间后，集中训练一段时间，运动能力仍可恢复到很高水平，都是这方面的例子。

不同生物系统的训练遗留效果水平不同；同样，不同生物系统之间的相互作用也影响到训练遗留效果的水平。遗留效果的水平由以下几种因素决定：运动员训练背景、训练水平、保持遗留效果的遗传体质，甚至可能有运动能力。

最基本的训练遗留效果是细胞最大代谢能力的变化，从有氧到无氧。对无氧负荷的适应很快，但停训后退化的也很快；表明机体对无氧负荷的适应是短时间的，没有长期的遗留效果。而有氧的适应较为缓慢，但停训后退化的也很慢；表明它有长期的训练遗留效果。此外，细胞代谢能力下降的速率，不同于引起整个生物系统适应的细胞内变化的丧失速率。

不同的训练遗留效果和停训后他们的丧失速度见表1-1。

表1-1 训练遗留效果

适应方面	时　间
最大无氧代谢能力	几天～几周
最大有氧代谢能力	几周～几个月
心血管系统和呼吸系统的适应	几个月～几年
骨骼肌和神经肌肉适应（运动技能的保留）	几年
神经动员适应	几年或者更多

训练遗留效果，可保证整个季度或年度训练中训练的变化，而不引起某些能力的退化。了解退化的时间，可以更好发展整体运动水平，保证大赛时机体处于最佳状态。例如：最大力量训练安排在早期，并且达到的水平要超过比赛时的要求；之后，便不再进行力量训练。这样做的原因是：防止力量训练影响其他能力的提高，像速度；保证运动时的要求。在奥运会训练计划安排中，第一念进行耐力训练，并要求超过运动员参加的比赛的水平；随着计划进行，耐力训练减少，力量和速度训练增多，最终使运动员在奥运会时达最佳状态。

4. 不适应

刺激和适应中还有一种是不适应有不同的形式：训练失效和过度负荷。训练失效是指机体整体水平提高而负荷未进行相应调整，对机体不再构成刺激；过度负荷是指训练过程中负荷超出了运动员的适应范围，造成机体工作能力完全被破坏。这两种情况都可以通过调整引起他们发生的训练条件而解决。

　　不适应与运动员个人能力有关。主要由以下几点因素决定：运动员年龄、训练和机能掌握的水平，运动回弹和其他。还有一些外界的影响，虽然他们对运动训练没有影响，但对运动员保健有影响，主要有医疗、营养和环境因素。心理因素也影响适应效果，这不仅包括运动心理准备，还包括运动员心理保健。

　　教练员应经常对运动员进行观察，防止不适应的产生。这就要求教练员了解不适应的征兆，并相应改变训练计划。过度训练的显著特征有莫名的兴奋或焦虑、失眠、没有食欲、体重减轻、训练热情缺乏、上呼吸道发病率增加。教练员不仅要控制训练，同样还要辨别和控制与不适应相关的卫生学方面的因素，提出营养、恢复疗法及心理保健方面的建议。

第二节　全面发展观

　　一个优秀游泳运动员运动水平的发展和提高，绝非是靠一项单一的能力提高所能够实现的。游泳的竞技能力，在于机体的整体能力的平衡发展。而这种平衡发展又非那种机械的、单纯的组合，而是一种复杂和相互契合。这种综合全面发展观点，表现在力量、耐力、协调、平衡、技术表现、心理稳定、能力的发挥等等。

1. 运动能量的综合供给

　　机体运动时所需的直接能源是 ATP 水解提供，而生成 ATP 的系统有 3 种：ATP－CP 系统、乳酸－糖酵解系统和有氧系统。运动能量包括磷酸盐（ATP－CP）系统、乳酸－糖酵解系统、氧饱和或稳态（有氧）系统。

　　磷酸盐（ATP－CP）系统：运动时前几秒所需的能量由这个供能系统提供，体内储存的 ATP 水解成 ADP 释放出能量，而同时机体内储存的磷酸肌酸提供磷酸再合成 ATP（PCr + ADP = ATP）。理论上，此系统可提供能量直到磷酸源耗竭。

乳酸－糖酵解系统：ATP 的合成是由糖酵解产生的。肌肉中的肌糖原和血糖在细胞中特定酶的作用下，通过一系列化学作用生产丙酮酸盐，同时释放出大量能量，这些能量用于合成 ATP。当所需能量大且氧供不足时，丙酮酸则最终生成乳酸。所以此系统又称为乳酸~糖酵解供能系统。

氧饱和或稳态（有氧）系统：在此系统的供能过程中，需要氧的存在。能源物质通过一系列化学反应，被氧化成二氧化碳和水，伴随生成 ATP。生成二氧化碳和水时所需的酶存在于细胞中的线粒体内，氧化过程包括三羧酸循环和电子传递链。

三种供能系统并不是独立运作的，而是都参与能量的产生过程，只是根据运动情况不同，其供能的比例有所不同。磷酸盐供能系统只提供运动开始前几秒所需的能量，肌肉内磷酸根和 ATP 的储备可供全速跑很短一段时间（大概 5~10 秒）。而对于游泳运动员来说，这段时间只能全速游 25 米左右，如果想继续全速游的话，就必须从其它供能系统获取 ATP。短时间高强度训练可提高肌肉内磷酸根的储备。据研究报道，在进行短时间高强度训练后，在安静时 ATP 的生成储备可以增加，其中磷酸根可增加 40%。因此，目的是为了提高 ATP－CP 储备的训练，可进行 10 组 25 米的冲刺训练，每次休息 1 分钟。超过 25 米时所需的能量主要靠乳酸－ATP 供能系统（糖酵解供能系统）提供。像磷酸盐供能系统一样，此系统能量的产生也不需要 O_2，糖酵解产生能量，同时造成乳酸堆积。通常乳酸的峰值出现在运动后 2~3 分钟，这时根据每个人的情况不同，运动员可游 50 米、100 米甚至 200 米。此时，如果还保持一开始的强度，乳酸就会急剧升高，仅仅在此系统的供能下，ATP 就会减少。通常，血液中乳酸急剧增多时的运动强度被称为无氧阈。传统观点认为：此时，不论是氧气的供应量还是运输系统都满足不了氧的需求量。但现在有新的观点认为：无氧阈前后氧供都是充足的，并且氧缺乏并不是乳酸增多的唯一原因；而认为糖酵解过程中葡萄糖转变为 ATP 的限速步骤更为重要。当 ATP 需求增多而储备耗竭时，生成乳酸是产生更多 ATP 的一个较为迅捷的方式，虽然氧气并没有直接参与此过程，但如果没有氧的参与，乳酸的形成、糖酵解就会受到限制。教练员所要注意的就是乳酸升高的这一点，而训练的目的就是提升需求与输出不平衡的这一点的做功能力，保障在低于此点的情况下做功。

以上这些过程都是在细胞质中进行的，因为胞质中有相应的酶，而这种能量供应的同时伴随着乳酸的产生（糖酵解为丙酮酸产生能量供 ADP 变成 ATP，然后丙酮酸加氢变成乳酸）。一些学者认为，糖代谢的下一步是将糖酵解的终产物转运入线粒体内进一步代谢。而这一步是打破平衡的关键步骤，可引起丙酮酸堆积、乳酸产生。

最近的研究认为，由于辅酶 NAD（一种供应受限的 H^+ 接受体）的缺乏，乳酸的生产导致更多的糖酵解发生。一旦乳酸形成，在乳酸形成过程中脱氢的 NAD 可以再次接受 H^+，使得糖酵解过程得以循环。

由于乳酸可以自由转换而不需要消耗能量，并且大量的乳酸被认为可以在以后的训练或训练之后被氧化，所以认为运动能力的下降并不是乳酸堆积造成的，而是与 H^+ 堆积造成的酸中毒有关。训练可以提高血和组织内的碱储备，通过碱对酸的缓冲作用，可以提高在乳酸和自由基存在的情况下机体的工作能力。从理论上讲，任何形式的训练都可提高机体的碱储备，但那些强调无氧能力的训练方式更有效。这里所指的是强度训练方法，包括间歇训练和重复训练。此时心率可达 170/分钟甚至更高，可用脉搏监测训练强度。

碳酸盐可以非常有效地缓冲 H^+ 堆积造成的高酸状态。通常苏打被用来中和所产生的酸，但却不能替换它。很明显，它可以使工作继续，同时使糖酵解过程继续进行，毫不减弱地满足能量的需求。

理论上，当运动强度达不到乳酸阈时，运动员可以持续运动（至少在糖原供应充足的情况下）。因为 ATP 消耗的同时又可大量生成，就像一个封闭式循环。像 1500 米或 4000 米游泳均属于此类。现在这种训练方式一般使用于中级或初级游泳运动员。在这种训练中，氧的供应充足，乳酸可以被最终氧化成二氧化碳、水和其它产物而不发生堆积，同时产生能量。当以这种强度运动时，身体处于一种稳定状态，而在三种供能物质－糖、脂肪和蛋白质中，脂肪的供能是最主要的，且在线粒体中进行。

从 20 世纪 70 年代中期以来，体育科学的一个重要的进展就是发现了葡萄糖对运动的影响。这方面的很多研究进展多受马拉松运动和运动饮料商业发展的影响。然而，有关对游泳运动员影响的研究近几年才较为可观。饮食中的碳水化合物对运动成绩是很关键的。现已证明，一星期的训练后肌糖原水平有所减弱，即训练后的肌糖原含量明显低于训练前的水平。而这正是运动员训练几周后产生疲劳的关键方面。现代研究建议，如果从训练开始尽早获取葡萄糖，对于机体糖原的再合成是很关键也是最有效的。

2. 距离与机体的供能综合协调

大多数的游泳比赛至少需动用前面所提到的两种供能系统，有一些项目三种系统都用，像 200 米和 400 米比赛。表 1－1 列出了不同形式训练时能量的供应方式，以及无氧和有氧的供能比。

有氧代谢和 ATP－CP 系统、糖无氧酵解系统的无氧代谢供能系统是紧密相联，互相协调、共同组成一个完整能量供应体系。不同游距的有氧、无氧供能比例是不同的，它们之间的关系形似"剪刀"，如图 1－7。图 1－7 是从 15 秒～15 分钟不同时间全力游实际能量消耗中有氧和无氧系统供能的百分比。图上部坐标表示不同游泳的距离，下部坐标表示运动的时间，虚线表示不同自由泳的游距，粗曲线（有氧供能）、细曲线（无氧供能）表示在运动中各自的供能比例。从图中可以看出，全力游完 50 米的短时间的运动中无氧供能要占 70%。1 分钟的全力游（近似于 100 米）有氧、无氧供能各占 50%。类似 200 米游泳的 2～3

分钟全力游则有氧供能占 70%，而 400 米以上的全力游有氧供能就要占到 80% 以上。距离越长，有氧供能所占的比例就越大。

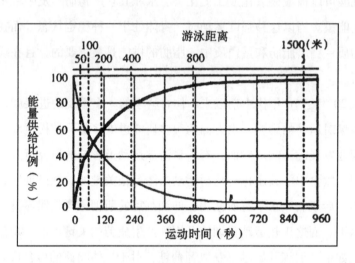

图 1-7　全力游有氧和无氧供能所占百分比

由此可见，长距离项目能量供应大多来自有氧代谢。因此，游泳 400 米以上的项目，具有高水平的有氧能力是重要的。反之，对于无氧能力，在 200 米项目时要得到最大限度的动员，所以 200 米以下的项目，运动员的无氧能力将是主要的。

根据以上原理，想要提高 2~3 分钟 100~200 米项目成绩，就要注意安排提高运动员的无氧能力的训练。特别是要提高运动员 2~3 分钟的无氧能力，其方法在后几节介绍。

在 4~5 分钟的比赛中，无氧系统所占比例就不及有氧系统。所在游泳训练过程中，随着主项超过 400 米，就应以有氧为主。

表 1-2 不同训练以及对机体的影响

	长距离	间歇训练	重复训练	冲刺训练
训练方法	70～80％最大强度，中速，训练距离大于比赛距离。	一组中等强度（80～90％）训练。像20个100米游，每次之间休息5～45秒。	一组近乎于最大强度（95～100％）的训练，例如6次100米游，每次休息相对较长的时间：1～5分钟。	一组全力游，例如8次25米全速游，每次之间休息1～2分钟。
举例	1500米比赛选手的5000米持续游训练，短距离游选手的500米训练。	30个50米训练，每两次之间休息10秒(在训练中，大多数运动员有固定的时间分配)10个200米训练，每3分钟一次；或者5个400米训练，每5分钟一次。	8～20个50米冲刺游，每2分钟一次。4个200米游，每6～8分钟一次。这些通常被称作目标设置，用于每星期检验进步情况、评价状态。	10～20个25米全速游，每次休息1分钟。20个20米全速游，每1分钟一次。
对应心率	140～170次/分，根据强度的大小保持稳定。	可达170～180次/分；休息时，根据长短不同，可下降到160～130次/分。	每次训练之后心率最终可达180～190次/分，休息后到下次训练前将降低到110～100次/分。	每次之后心率可达170～180次/分，根据休息时间的长短不同，下次训练之前可将到110～100次/分甚至更低。
对运动成绩的影响	提高耐力和保持原有的速度，几乎对爆发力没有影响。	提高以最大速度中等距离游的能力，对爆发力影响不大。	提高原有的速度，一定程度上提高爆发力。	提高爆发力，像50米。

	长距离	间歇训练	重复训练	冲刺训练
能量供应形式	有氧99% 无氧1%	有氧50~80% 无氧 20 ~ 50% （根据强度不同比例不同），强度越大无氧比例越高。	无氧50~80% 有氧 20 ~ 50% （根据强度不同）。	磷酸盐供能和无氧供能，看训练强度和休息时间长短。
适应	心血管系统能力提高。	对中等高浓度乳酸的耐受力提高，非过大负荷下心血管系统的能力提高。	机体对高浓度乳酸的耐受力提高。	速度提高、肌力增加，耐酸力增强，还有可能使肌纤维中的肌球蛋白增加。

在少于 2 分钟的持续训练中（大约可游 200 米），机体可保持高强度的运动而没有乳酸增加。这之后，机体长时间保持中等或高强度运动的能力，反映出机体无氧阈提高的状态水平。对于未受过专业训练的个体来说，无氧阈发生在本人最大运动强度的 65 ~ 70% 时，意味着这些人要是以大于 70% 的强度长时间运动是比较困难的。而高水平运动员，其无氧阈一般出现在本人最大运动强度的 90% 甚至更高，因此，他们可以以高强度运动很长时间，有时可达几个小时。在 1500 米训练中，主要是有氧系统供能，因此，从事这种项目的运动员的训练应侧重于机体运输氧和利用氧的能力的提高，而这方面最好是长距离训练方法，有持续性的和间歇性的两种。

3. 游姿与机体的供能综合协调

研究表明，用相同速度游不同姿势时，蛙泳的耗能量数大，仰泳次之，爬泳最节省。

对划手、打腿、配合游的有氧能量供应（总氧摄取量）及无氧能量供应（总氧债量）的研究表明，以同样的速度进行划手、打腿分解和配合游训练时，无氧、有氧能量供应的比是不同的。

在无氧能量供应方面，划手和配合游以 2~3 分钟时值最大。这说明在 200 米全力游时，无氧能量供应能够得到最大动员。所以，要使这一类游泳比赛项目成绩得到提高，有效的方法是提高最大无氧供能能力。采用高强度的划手训练可以提高无氧代谢系统的能力。即关键是在训练中应要把握住能够更多地动员无氧能量供应（特别是糖酵解能量供应）的训练。在实际训练过程中进行 200 米重复游或是进行 50~200 米为一组，更高强度的间歇训练等都是有效的。

然而，打腿的无氧能量供应的情况与划手和配合游不同。全力打腿 30 秒时，就可基本达到最大无氧能量供应的强度。因此，训练中采用 50~100 米的全力游就可以对无氧能量供应系统最大的刺激，提高无氧代谢系统的能力。

时间在 4~5 分钟的打腿、划手，或是配合游的训练无氧能量供应的比例很少。因此，比 200 米更长的距离的训练即使全力游也不会对无氧供能系统以最大的刺激。

所以，在安排进行 25 米或 50 米短距离的训练时，教练员要考虑到划手、配合游与打腿的强度有明显差异这一点。

4. 技术与机体的生理能力的综合协调

游泳运动成绩取决于体能和技术两部分，体能是基础，技术是保障，技术训练和体能训练是相辅相成、缺一不可的。科研成果表明：奥运会游泳比赛前八名与未进入决赛的运动员相比，差距不在划水力量上，而是在技术上，前者比后者身体更趋流线型。俄罗斯的科研人员把游泳称为"是一项以生物力学与生理相结合的运动，生物效率是游泳运动员成功最重要的因素"。澳大利亚的教练认为游泳是一项技术驱动的运动。游泳训练首先是技术，训练必须以技术为中心，训练的强度、数量、间隙时间、时间多少都要取决于技术，训练强度过高，数量过多，破坏了技术，反而对成绩产生负面影响。

俄罗斯著名教练图列斯基到澳大利亚后，带去了"通过改进技术，提高效率，减小阻力"的训练思路。为此，澳大利亚游泳科研人员在俄罗斯比赛技术分析法的基础上，研制了一套比赛技术分析系统，在国内和国际重大比赛中，收集了大量的数据资料，通过分析研究，总结出理想技术的六大要素，致使澳大利亚在 2000 年悉尼奥运会游泳比赛上取得了巨大成功。澳大利亚游泳的成功经验是宝贵的，有很多值得我们借鉴和学习。

　　多年以来，游泳教练员认为要提高速度，就要提高训练量，增强力量，因此花费大量的精力，增加运动量，尝试各种力量训练的方法，开始时效果不错，可到达一定数量后，效果并不显著。有些教练看到国外部分优秀运动员完成的训练强度很高，认为我们的差距就在强度。从表面上看我们的差距是强度，实际上，我们的差距是保持正确技术的能力。近几年，教练员和运动员真正认识到技术对游泳的重要性，已逐渐意识到生理对游泳成绩提高必须结合具体的技术效果。

　　生理必须与生物力学相结合，生理才能产生积极影响。例如，当青少年运动员在生长发育阶段，骨骼生长得很快，肌肉生长跟不上骨骼生长，此时如果不加强力量训练，就会影响正确技术；又如有些世界优秀成年游泳运动员很重视力量训练，这些力量训练的目的是保证在高强度训练中技术的正确性，以及防止伤病。

　　正是通过科学研究和运动实践，游泳技术和训练方法不断革新和创新，才使得游泳成绩不断提高，游泳新纪录不断涌现。游泳运动发展的经验表明：随着科学技术的发展进步，游泳运动员的训练方法每隔 10 至 12 年就周期性地发生一次重大变化。游泳技术的发展已经经历了多次变革，每次变革都与科学技术的发展以及人们对流体与肢体动作之间的相互作用的认识或规则的变更有很大的关系。

　　我国游泳有不少成功的经验，上世纪五六十年代，我国游泳多次打破世界纪录，正是得益于技术创新和刻苦训练。但是，从整体认识来看，我们对游泳运动的本质以及技术效率对运动成绩的重要性的认识还存在着一定的片面性和偏差，而理论认识上的不足反过来又限制了对先进技术的理解。

随着计算机技术、系统论、控制论、流体力学以及生物科学理论逐步引入到游泳运动训练中，大大促进了游泳运动技术的提高。我国的游泳运动虽然在近十几年来取得了长足的发展，但与世界先进水平相比还有很大差距，要改变我国游泳水平落后的状态，不仅要重视研究和改进训练方法，还要研究技术动作的合理性和有效性。

从奥运会和世锦赛游泳比赛的结果看，运动员的自由泳和蝶泳技术有较明显的变化，特别是一些尖子选手，如荷兰的德·布鲁恩、霍金本德，澳大利亚的索普、克林姆，美国的汤普森、托勒斯等。从游泳运动技术的发展来看，有以下几个特点：

（1）流线型的概念：在游泳游进的全过程要注意始终保持身体流线型，游泳的流线型就是指"平、直、尖、紧、高"。游泳应当始终把提高划水效率和减小阻力放在首位，减小阻力也就是说在游泳全过程始终保持身体流线型。

平，即身体位置，就是通过手积极的前伸和积极的打腿，来保持良好的身体位置，特别是好的打腿能力是保持良好身体位置的基础。

直，就是游进过程身体尽可能保持直线。直线要求游泳过程收腹和低头。

收腹：保持身体腰部的直线，同时，因为肺部有空气，通过收腹将体内多余的空气排出体外，保持身体的平衡，也有利于身体的用力和快速前移。

低头：保持身体颈部的直线，减小阻力。眼睛看池底正下方，呼吸时一个泳镜出水，眼睛看肩。

尖，就是要求手脚并拢。

紧，身体夹紧，包括肩和臀的紧。紧的身体不仅能保持良好的滑行，而且对身体发力以及力量的传递有利。

高，$F = C\rho SV^2$ 其中：C 为阻力系数，ρ 为流体密度，S 为横截面积，V 为速度。可以形象地比喻为：C 要求"尖"、"紧"、"滑"，S 要求"平"和"高"。

（2）作用力与反作用力的概念：游泳的主要推进力来源是作用力与反作用力——阻力。原有的观点认为，游泳推进力的主要来源是升力。现在的观点认为，主要是作用力与反作用力，也就是来自于水向前的阻力。这一观念的变化，带来了对划水路线的极大改变。例如自由泳的划臂技术，为了划臂能产生最大的推进力以及更好地发挥肌肉的力量，要求臂的划水点在划到肩前方时要略宽于肩，划至肩下方时与肩同宽，划过肩后要窄于肩，整个自由泳划水路线是一个小"S"型，"S型"要明显小于以往，自由泳划水动作应该是前伸、压腕、屈肘、小外划、大内划、最后抬肘上划完成整个划水动作。

（3）平衡的概念：手腿的配合是保持身体在水中平衡最有利的工具。我们将躯干部分称之为工作平台，它既是身体发力的中心，又是身体的平衡点。手、腿和头是身体平衡的工具，目的就是让身体在水中保持平衡，也就是尽可能让重心点与浮力点接近。

身体平衡包括在水中保持良好的身体位置，它通过手、腰、腿的协调配合来实现。

自由泳"索普"技术的中前交叉风格，能提高抓水、抱水阶段的质量，有利于身体前端的支撑和重心的前移，有利于保持身体的稳定；"划独木舟"的技术，即中后交叉，能保持用力的连续性，便于加快划水的动作频率，有利于保持身体用力的平衡。

（4）能量传递的概念：游泳的用力过程是一个能量传递的过程。目前，核心力量的观点被各体育运动项目所认同。

划水首先是腰的发力，通过身体的滚动，逐步向肩、臂、手传递的过程；打腿也是腰首先发力，通过髋向大腿、小腿、脚传递的过程。因此，游泳项目对运动员各环节柔韧性的要求非常高。

关节柔韧性的作用。良好的关节柔韧性能为完成技术提供方便，如高肘加上具有良好柔韧性的肩，不仅能使你的移臂放松、划水路线加长，而且能使你的抱水到位、划水有力。踝关节的柔韧性更是重要，不尽能增强腿打水的效果，而且能减少身体后方（湍流）的旋涡阻力，保证能量的向后传递，游泳用力的概念主要就是力量的传递。

随着游泳运动技术理论和运动训练方法的突破和提高。游泳水平产生了一个飞跃发展。

第三节　阶段评价观

在科学训练的同时，必须对运动员进行定期的回顾和评价。这种评价和回顾包括运动能力的回顾和机能状态的分析评价。

1. 游泳专项能力的评价

对于运动员的专项能力的评价，往往是在实际专项游泳的表现中评价的，对于一些相对比较合理的游泳成绩的表现，可以作为评价某种专项能力的评价标准。如表1－3、4。

表1－3　1999年世界前150名的速度耐力评价标准

男子项目	同一比赛时间	不同比赛时间	一年内最好成绩
100～50 自	4. 63 ± 0. 50	4. 36 ± 0. 80	4. 52 ± 0. 67
200～100 自	9. 87 ± 1. 00	9. 18 ± 2. 00	9. 54 ± 1. 00
400～200 自	13. 36 ± 3. 60	12. 48 ± 3. 90	13. 08 ± 3. 70
1500～400 自	48. 78 ± 9. 08	46. 19 ± 7. 28	48. 24 ± 8. 80
100～50 仰	2. 94 ± 0. 88	2. 93 ± 0. 96	2. 93 ± 0. 90
200～100 仰	8. 71 ± 1. 40	8. 80 ± 2. 20	8. 73 ± 1. 62
100～50 蛙	4. 99 ± 0. 98	5. 02 ± 1. 07	5. 00 ± 1. 01
200～100 蛙	10. 34 ± 1. 90	10. 07 ± 2. 10	10. 30 ± 1. 90
100～50 蝶	4. 86 ± 0. 88	4. 28 ± 0. 68	4. 41 ± 0. 76
200～100 蝶	11. 42 ± 1. 60	11. 41 ± 2. 70	11. 42 ± 1. 90
400～200 混	14. 76 ± 3. 33	15. 58 ± 3. 38	15. 04 ± 3. 33

女子项目	同一比赛时间	不同比赛时间	一年内最好成绩
100～50 自	4.58±0.63	4.16±0.77	4.39±0.62
200～100 自	8.48±0.97	8.63±2.13	8.53±1.43
400～200 自	10.62±1.97	12.64±3.43	11.29±2.69
800～400 自	12.88±2.66	13.53±3.70	13.15±3.15
100～50 仰	2.93±1.17	3.03±1.05	2.97±1.12
200～100 仰	8.32±1.92	8.99±1.85	8.45±1.91
100～50 蛙	4.88±1.07	4.74±1.06	4.84±1.06
200～100 蛙	10.00±2.32	9.85±2.44	9.95±2.34
100～50 蝶	4.69±0.86	5.00±1.21	4.81±1.02
200～100 蝶	10.92±1.83	10.55±1.49	10.86±1.77
400～200 混	13.89±2.71	12.23±3.91	13.31±3.25

注：1500～400 自＝1500 自成绩－3.75×400 自成绩

表 1－4　2003 年 10 月 30 日世界前 20 名的速度耐力评价标准

女子项目	同一比赛时间 平均值	不同比赛时间 平均值
100～50 自	3.99	3.89
200～100 自	7.99	8.26
400～200 自	11.26	7.96
800～400 自	11.19	9.68
100～50 仰	3.10	3.29
200～100 仰	7.45	7.74
100～50 蛙	4.22	4.61
200～100 蛙	8.79	8.41
100～50 蝶	5.33	4.15
200～100 蝶	9.81	9.28
400～200 混	12.63	8.77

	同一比赛时间	不同比赛时间
男子项目	平均值	平均值
100～50 自	4.23	3.87
200～100 自	8.32	8.68
400～200 自	10.15	10.38
1500～400 自	39.79	38.79
100～50 仰	3.08	2.67
200～100 仰	8.07	7.54
100～50 蛙	4.79	4.26
200～100 蛙	9.35	8.06
100～50 蝶	4.14	3.84
200～100 蝶	10.63	9.04
400～200 混	13.87	14.46

注：1500～400 自＝1500 自成绩－3.75×400 自成绩

2. 游泳运动员生理机能的评价

对于运动员身体机能状态，可以有众多的生理和生化指标评价。表1-5～12 是常用的评价游泳运动员的身体机能指标。

表1-5　优秀运动员身体机能指标参考范围及评定标准

指　标	参考范围	简易评定方法	备　注
心率（HR）	45～80 次/分（安静状态）	基础心率突然加快或减慢，提示有过度疲劳或疾病存在；运动后心率的恢复速度和程度，可衡量运动员对训练的适宜水平或身体机能状况。	优秀运动员的安静心率可低于45 次/分,但要注意排除病理现象。有些运动员安静心率可高于80 次/分,但低于正常健康人的100 次/分的正常值高限。

游泳运动科学训练与监控

指　标	参考范围	简易评定方法	备　注
血压（BP）	90～140mmHg（收缩压）	安静状态时血压升高20%左右，并持续两天以上时，可能是机能下降或过度疲劳的表现；运动时脉压差增加的程度比平时减少或出现梯形反应、无休止音及运动过程中收缩压突然下降达20mmHg时，预示运动员机能不良。	
血红蛋白（Hb）	男：130～160g/L女：120～150g/L	男运动员Hb低于130g/L，女运动员低于120g/L时，可诊断为运动性贫血。SF<40g/L，可确定为体内铁缺乏，如国伴随着Hb的下降，MCV（红细胞平均体积）正常，即是运动性低血红蛋白。SF<20g/L是，为严重缺铁。	应结合血清睾酮、皮质醇的变化情况。进行综合评定，并注意自身的变化范围。
红细胞（RBC）	3.5～5.6（×10¹²个/L）	RDW突然持续升高，可能有潜在性缺铁行贫血的发生，但要结合SF等指标进行综合评定。Hct男运动员不宜超过50%，女运动员不宜超过48%。	
红细胞体积（Hct）	35～37%	如果Hb较低，而血清铁和SF正常，则需要观察转铁蛋白的测定值。	
红细胞分布宽度（RDW）	11.0～15.0%40～150ug/L	VB12及叶酸缺乏，MCV体积增大，即为巨细胞性贫血。	
血清铁蛋白（SF）	252～429mg%		
转铁蛋白白细胞CD4/CD8	4.0～1.0（×10⁹个/L）0.7～2.0	大负荷训练后期，白细胞、CD4/CD8比值、NK细胞及IgG、IgM、IgA表现为非常显著下降，表明运动员的免疫功能紊乱；如果高于正常参考范围，机体有感染的可能。	应结合血清睾酮、皮质醇的变化情况。进行综合评定。

指 标	参考范围	简易评定方法	备 注
自然杀伤细胞（NK细胞）	7.0～38.0%		
免疫球蛋白G（IgG）	8～16g/L		
免疫球蛋白M（IgM）	1.4～4.2g/L		
免疫球蛋白A（IgA）	0.5～1.9g/L		
血清谷氨酰胺	560～640umol/L	下降50%以上为过过度训练或免疫能力降低的表现。	

表1-6　优秀运动员身体机能内分泌以及生物酶指标参考范围及评定标准

指 标	参考范围	简易评定方法	备 注
血清睾酮（T）	男:9.5～35.0nmol/L（280～1000ng/dL）女:0.35～3.50nmol/L（10～100ng/dL）	基础值高者适宜从事力量性运动项目;大负荷训练后血清睾酮下降,皮质醇上升,为机能状态差或过度疲劳;相同训练条件下,浓度高是机能好的表现。	注意项目、个体及训练时期的差异。
血清皮质醇（C）	上午8时:165～720nmol/L（6～26ug/dL）下午4时:55～250nmol/L（2～9ug/dL）	训练量过大,血清皮质醇浓度上升幅度加大;相同负荷运动时,血清皮质醇浓度上升的幅度下降,是适应运动量的表现;运动后恢复期,血清皮质醇浓度下经速度慢,恢复时间长是机能状态差的表现。	
血清睾酮/皮质醇（T/C）	下午0时:55～140nmol/L（2～5ug/dL）	当低于训练期前25%而又不回升时应调整训练计划或增加恢复措施。	

游泳运动科学训练与监控

指　标	参考范围	简易评定方法	备　注
儿茶酚胺	血清肾上腺素100ug/L以下；去甲肾上腺素500ug/L以下；尿肾上腺素15ug/天以下；去甲肾上腺素120ug/天以下；	相同负荷运动时血清儿茶酚胺浓度上升的幅度减少，是适应能力提高的表现；相同负荷运动时尿儿茶酚胺浓度上升的幅度减少，是适应能力提高的表现；运动后尿排出量高，是应急程度大，机体不适应的表现；训练水平高者，运动后尿儿茶酚胺值第，训练适应后，升高的值下降。	
血清肌酸激酶（CK）	男：10～300U/L女：10～200U/L	训练后血清酶活性的幅度与恢复的快慢，可反映训练负荷的大小及身体的适应情况；大负荷训练2～3天后，血清CK仍高于300U/L时，表明负荷较大，身体尚未恢复；评定时应排除由心肌或组织损伤造成血清酶升高的可能性，再判断骨骼肌的负荷更为合理。血清GOT活性上升一般被认为是心肌损伤造成的。血清GPT活性的上升被认为是肝脏损伤的原因。	评定时应注意血清酶个体差异和项目差异较大的情况，宜系统观察。
血清乳酸脱氢酶（LDH）	125～290U/L		
谷草转氨酶（GOT）	6～25U/L		
谷丙转氨酶（GPT）	3～30U/L		
血乳酸	小于2mmol/L（安静时）	运动后血乳酸值升高幅度大，表示运动强度大；训练适应后升高幅度减小。乳酸无氧阈值:4毫摩尔/升（mmol/L）；主要糖酵解代谢区：>12毫摩尔/升	应注意个体差异，宜系统观察。

指　标	参考范围	简易评定方法	备　注
血尿素	4～7mmol/L	运动后血尿素增值大,表示负荷量大或机能下降,训练适应后增值减小。一般认为运动后不超过8.0mmol/L为宜。 评价时应注意膳食结构对血尿素的影响。糖缺乏蛋白质摄入量较多,会引起血尿素增加。	
尿蛋白	晨起中段尿小于10mg%	运动后15～30min取尿测定,尿蛋白排出量越多表示运动强度越大或机能差。应注意个体差异,宜系统观察,负荷量大时,排出量增多,适应后排出量减少。 大负荷训练期间,晨尿蛋白值低于20mg%时,即属于正常。	
脑电综合监测		对运动员脑电波的综合监测,可以动态反映运动员对训练负荷的适应情况以及反映运动员的中枢神经疲劳状况。	使用专用脑电分析仪进行测试,有专业人员评价。

表1-7　优秀运动员身体机能生理指标参考范围及评定标准

指　标	参考范围	简易评定方法	备　注
VO₂max (kg/min) 最大通气量 (L/min)	男:40～72 女:38～62 男:98～205 女:66～153	优秀耐力运动员随着训练水平和有氧代谢能力的不断提高,VO₂max和无氧阈值增大,其对应的血乳酸值下降。	项目和个体差异较大,宜系统观察和综合对比分析。
无氧功峰值 (W)	男:496～1120 女:363～837	随着快速力量训练水平及无氧阈代谢能力的提高,无氧功值增加。	
无氧功峰值 (W/kg)	男:8～14 女:7～12		

指　标	参考范围	简易评定方法	备　注
无氧功均值（W）	男：409～890 女：285～654		
无氧功均值（W/kg）	男：6.5～11 女：5～9		
两点辨别阈	训练课前或正常安静时测定作为正常值	在训练课结束后或大负荷训练后恢复期测定值与正常值进行比较。比值小于1.5为无疲劳出现；小于1.5而大于2.0为轻度疲劳；大于2.0为重度疲劳。	
闪光融合频率	32～38Hz	训练后测定值与正常值之差：1.0～3.9Hz为轻度疲劳（休息后当日可恢复）；4.0～7.9Hz为中度疲劳（睡一夜可恢复）；8.0Hz以上为重度疲劳（休息一夜后不能完全恢复）。	
主观体力感觉等级		(1)6级：根本不费力 (2)7～8级：极其轻松 (3)9级：很轻松 (4)10～12级：轻松 (5)12～14级：有点累 (6)15～16级：累 (7)17～18级：很累 (8)19级：极累 (9)20级：精疲力尽	

游泳运动科学训练与监控

表1-8　优秀运动员身体机能恢复综合评定的指标参考值

生理生化指标	身体机能恢复的评定
心率（HR）	晨安静时心率恢复到个人正常的范围。
血红蛋白（Hb）	血红蛋白水平恢复到个人正常的范围或自身的高水平上。
血清睾酮（T）	血清睾酮水平恢复到个人正常的范围或自身的高水平上。
血乳酸	运动后血乳酸消除快，恢复时间短，表示机体的恢复能力强。
血尿素	晨安静值在7毫摩尔/升以下为机能恢复。
尿蛋白	运动后4小时或次日晨尿蛋白减小是身体机能恢复的表现。
尿胆原	运动次日晨值大于安静正常范围是机能尚未恢复的表现。

表 1-9　优秀运动员过度疲劳综合评定指标方法

指　标	评　定　方　法
体　重	一段时间内呈持续性下降
心　率	高于本人平时正常值 6 次/分以上。
血红蛋白	处于本人较低水平或持续下降趋势。
红细胞	处于本人较低水平或持续下降趋势。
血乳酸	安静值超过安静时正常范围，运动时的最大乳酸值下降。
血尿素	晨安静值在 8.0 毫摩尔/升以上为疲劳，持续几日超过 8.0 毫摩尔/升或持续上高为过度疲劳。
血清睾酮/皮质醇	下降 25% 丙持续不回升为疲劳，下降 30% 或持续下降为过度疲劳。
血清肌酸激酶	恢复后晨安静值持续高于 300U/L 或完成定量负荷时的值明显升高。
尿蛋白	相同符合运动后比原来负荷后的值突增 3 倍以上，并且连续几日晨安静时处于较高水平或持续升高。
尿胆原	晨安静时，在 4~6mg% 为疲劳，连续几日超过 4~6mg% 为过度疲劳。
尿潜血	完成定量负荷后，出现阳性或连续几日在晨安静时为阳性。
免疫球蛋白 G、M、A	明显下降。
CD4/CD8	明显下降。
VO_2max	明显下降。
两点辨别阈	比值大于 1.5 而小于 2.0 为轻度疲劳，大于 2.0 为重度疲劳。
闪光融合频率	8.0Hz 以上。
主观体力感觉等级	18 级以上。

第一章　游泳科学训练的理论基础

表 1-10　优秀运动员赛前身体技能综合评定指标的参考值

指　标	最佳身体状态评定
心　率	呈稳定状态
白细胞	处于本人正常范围
血红蛋白	处于本人较高水平上
血尿素	晨安静值保持在正常范围（5～7毫摩尔/升）
血清睾酮/皮质醇	保持在正常范围或自身的高水平上
尿常规指标	晨安静时，各指标均在正常参考范围内。
IgG、IgM、IgA	均在正常参考范围内
CD4/CD8	在正常参考范围内

表 1-11　优秀运动员训练负荷强度和负荷量监控指标及评定参考值

指　标	评定负荷强度	评定负荷量
心　率	根据本人最大心率百分数评定	
血乳酸	运动后血乳酸升高幅度大，表示运动强度大；训练后升高幅度减小。 乳酸阈值：4 毫摩尔/升； 主要糖酵解代谢区：高于 12 毫摩尔/升	
血尿素		1. 运动后增值大，表示负荷量大或机能下降；训练适应后增值减小。 2. 一般认为运动后不超过 8.0 毫摩尔/升为宜。
尿蛋白	运动后 15～30 分钟取尿测定，尿蛋白排出量越多表示运动强度越大或机能差。应注意个体差异，宜系统观察。	负荷量大时，排出量增多，适应后排出量减少。
血清肌酸激酶	血清肌酸激酶活性高，表示运动强度越大；适应后升高幅度减少。	
尿胆原		负荷量大或机能下降时，排出量增加。

表 1 – 12　优秀运动员训练中负荷强度监控指标参考值

训练代谢类型	代谢特点与作用	负荷强度控制指标参考值
无氧低乳酸训练	由 ATP、磷酸肌酸（CP）以最大代谢速率分解供能，尽可能多的消耗磷酸肌酸，很少乳酸产生。	运动后心率不低于 180 次/分及血乳酸不超过 4 毫摩尔/升。
最大乳酸训练	由最大速率的糖酵解功能，数次运动后血乳酸积累达最高水平。	运动后心率不低于 180 次/分及血乳酸在 15 毫摩尔/升以上。
耐乳酸训练	以较高学乳酸水平，维持较长时间运动，使各器官组织遭受深度酸化刺激。	血乳酸水平保持在 10 ~ 12 毫摩尔/升左右。
大负荷间歇耐力训练	刺激肌肉有氧代谢供能，可提高氧代谢能力。	血乳酸达较高水平 9 毫摩尔/升左右。
乳酸阈训练	刺激运动肌乳酸生成和最大乳酸消除的功能。	血乳酸在 4 摩尔/升左右及心率在 160 ~ 170 次/分，一般不低于 150 次/分。
最大稳态乳酸训练	有氧代谢能力的最大负荷强度和量度的综合。	血乳酸浓度在 4 摩尔/升左右。

第四节　高技术辅助观

　　现代竞技游泳运动发展至今已经历了百余年，通过不断的竞争和演变，无论是其理论内容，还是其科学训练的方法，都已形成了很多独特的专项解释。如水感就是对游泳专项运动员水中素质能力的一种特有的专门化知觉的评价指标；"比赛训练"是游泳运动训练在不断发展过程中逐渐出现的一种为提高比赛能力、加强训练质量所专门进行的特殊的训练方法；游泳的能量代谢理论是科学发展到今天，人们在游泳运动训练过程中逐渐发现，并总结出来的符合人体机能能力及工作特点，又符合专项运动特点的具有广泛的科学规律的思想认识。

　　在研究中我们发现，在游泳技术的每次变革中，一种新技术的出现往往与科学技术的发展，以及人们对流体与肢体动作之间的相互作用的理解和认识有着密切的关联。同时，生物科学领域研究成果的不断介入，从另一个侧面改变了训练的结构和训练的思路，并有效地促进了竞技游泳运动水平的快速提高。人们已经认识到了，运用先进的科学理论和方法来指导运动实践，是探索游泳运动训练规律，合理调控游泳训练过程的必然途径。

　　世界游泳发达国家在游泳运动训练科学化方面都有自己独到的理论见解，这也是支撑其游泳运动整体水平保持领先的有利武器。上世纪60年代，卡莱尔提出的大数量训练理论，不仅提高了澳大利亚运动员的游泳成绩，而且还曾带来了世界游泳运动史上的一场大革命。70年代，美国游泳专家引进了生物科学理论，提出了游泳训练的大负荷训练理论，使得美国乃至全世界的游泳训练水平出现了历史性的飞跃…。

　　目前的游泳科学研究，聚焦于游泳训练理论、游泳技术理论、赛前训练理论和特点研究以及优秀游泳运动员生理监测及能量代谢系统训练理论、优秀游泳运动员的选材特点等方面的研究、高原训练理论等方面。我们应从研究我国竞技游泳运动水平发展的特点入手，寻找游泳运动成绩的演变过程，分阶段论述各个时期内游泳运动变化的具体特征。并分别从不同阶段游泳训练原则的发展变化情况、周期划分及周期训练的发展变化、与其他学科结合情况的发展变化，如生理、生化、心理学等对成绩变迁的影响训练方法手段的发展变化、目的、作用、应用、形式、效果等方面展开讨论。

　　游泳运动赛前调整手段和方法的理论性探讨是针对日益增多的比赛，结合一些世界优秀游泳运动员的训练经验和其他项目的成功经验，对赛前调整方法和手段展开研究。以近20年世界游泳竞赛及成绩变化特点研究为主，寻找游泳赛前训练内容及安排上的变化，同时借鉴国外以赛带练的训练做法，对于游泳运动赛前训练及调整时间安排特征、游泳运动赛前阶段运动负荷安排特征、游泳运动赛前训练内容的选择及安排特征、游泳运动赛前训练方法、手段的选用特征以及游泳项目赛前训练计划的制定等五大方面进行归纳。

我国优秀游泳运动员的机能评定及方法研究，其中包括对游泳运动员心血管功能的评定、氧转运能力及运动性贫血的评定、内分泌机能的评定、组织细胞损伤的评定、物质能量代谢与疲劳程度的评定、免疫机能的评定，近年来有关的科研人员进行了大量的相关研究。对于游泳运动训练的生理生化监控方法，其中包括游泳运动训练生理生化监控指标的分析、游泳有氧能力训练的监控、游泳无氧酵解能力训练的监控、游泳磷酸原系统供能能力训练的监控、游泳训练量的监控、游泳一次训练后恢复的监控、游泳周（阶段）训练后恢复的监控、高原训练的监控以及总体的游泳运动训练生理生化监控的评价、问题分析也有大量的工作总结。

（陆一帆　张亚东）

参考文献

1．［英］A. W. S. 沃森著. 身体素质与运动成绩. 人民体育出版社

2．黄波. 短距离游泳项目速度力量训练理论与方法的研究. 西安体育学院学报，2001，18（4）：73～74

3．科斯蒂尔、马格利索、查理德森著，温宇红译. 运动医学与游泳科学手册——游泳. 人民体育出版社，2002.7

4．科斯蒂尔、玛格利索、理查德森著. 游泳. 人民体育出版社，2002

5．童宇星等. 正确认识游泳运动员力量增长与划水幅度的关系. 哈尔滨体育学院学报

6．吴谦主编. 身体素质训练法. 人民体育出版社，1999.6

7．严昱民. 对游泳长距离项目陆上力量训练的初步认识. 游泳季刊，2000，63（3）：18～21

8. 杨锡让主编. 实用运动生理学. 北京体育大学出版社，1998

9. 于仙贵等. 我国高水平游泳运动员科学化训练的主要经验. 游泳季刊，1991，27（3）：4~8

10. 游泳运动. 体育院校通用教材. 全国体育院校教材委员会审定，2001 年第一版

11. 运动训练学. 体育院校通用教材. 全国体育院校教材委员会审定，2000 年第二版

12. 游泳运动医学与科学手册. 温宇红译. 国际奥委会 1991 年版，2002 年第一版

13. Bill Foran. HIHG – PERFORMANCE SPORTS CONDITIONING. Human Kinetics，2001

14. David J. Smith, Stephen R. Norris and John M. Hogg. Performance Evaluation of Swimmers. Sports Med. 2002；32（9）：539~554

15. Exercise mode. J Sports Med Phys Fitness，1998，38：39~46

16. Herbert A. de Vries. Physiology of Exercise. Fifth Edition

第二章　游泳训练的控制

所谓对运动训练的控制就是指有目的地、有控制地使运动员的身体发育状态和运动训练水平向更新、更高的水平发展，并不断地促进运动成绩的提高。教练员在不断地观测训练效果指标的同时，应对训练过程进行控制。教练员需观测的指标有：①在青少年运动员训练的基础阶段：机体最佳生长速度；在考虑运动专项特点和生长发育规律的条件下，运动能力和素质的适度发展速度；运动成绩的最佳增速。②在运动成绩达到高水平阶段；能否最大限度地提高专项训练水平和运动成绩。

评定运动员原始训练水平状态及机能能力，制定各训练阶段个人比赛及训练水平模式特征及模式发展特征，制定相应的训练计划，是有效控制训练过程的必要条件。既要根据训练任务，也要根据运动员现时机能状态，确定运动量的强度和运动量的数量。

一般将运动员状态分为下述几种类型：

阶段性状态：在长期适应中，由训练效果积累而获得的相对稳定的状态；可通过阶段性检查评定阶段性状态。

日常状态：在一次或几次训练课的影响下，即训练效果短时作用下，身体发生的状态变化。可通过日常性检查评定日常状态。

即时状态：在训练效果的作用下，即时迅速表现的状态，通过及时检查评定及时状态。

一般来说，对训练周期的控制包括：根据运动员日常状态安排运动量，监测运动员的最新状态，并根据他的最新状态安排运动量，根据监测获得的资料与训练水平变化模式，与比赛模式进行对比，并对训练计划做必要的修正。

为综合评定游泳运动员阶段性状态和日常状态，我们经常通过乳酸、心率、血常规、睾酮等指标对运动员进行诊断。

第一节　乳酸训练

1. 游泳运动训练的生物学基础

游泳训练的目的，就是在游泳训练全过程中不断提高运动员的游泳经竞技能力，在比赛中创造优异成绩，为祖国争光。游泳比赛的成败很大程度上取决于肌肉产生能量从而推动身体前进的能力。所以，游泳训练的任务之一就是提高机体的有氧和无氧供能水平。

1.1　游泳的能量供应

1.1.1　人体的能量供应系统

能量的直接来源是 ATP。人体的能量来自食入的糖类、脂肪、蛋白质等营养品，但这些食物不能立即使肌肉收缩，能量必须先在体内转化，其中能直接供能使肌肉收缩的仅有一种物质——三磷酸腺苷，而生成 ATP 的系统有：

＊ ATP–CP 系统

磷酸肌酸（CP）存在于肌纤维内，但它的功能与 ATP 不完全相同。磷酸肌酸不像 ATP 那样直接在细胞内供能，而是重新合成 ATP 分子，使这种高能物质保持相对恒定的数量。因此，当 ATP 分解产生能量时，它可以通过磷酸肌酸的能量再合成。然而这种能量储备非常有限，在以最快速度游泳时只能维持几秒钟。虽然磷酸肌酸能够迅速分解产生能量，以保持 ATP 的正常水平，但当耗竭时 ATP 和 CP 都不能再供给肌肉收缩的能量。

＊ 糖酵解系统

在练习开始的前几分钟，当肌肉用力强度比较高时，机体还不能供应足够的氧用来产生 ATP，因此需要 ATP–CP 和糖酵解系统在无氧的条件下产生 ATP 作为补偿，这个过程即无氧代谢供能。糖酵解是肌糖原在无氧条件下分解的过程，其结果是乳酸的产生和堆积。因此，糖酵解是在氧供应不足的条件下产生 ATP 的。这个过程的效率相对来说比较低，在游泳比赛中产生的能量较少，却很重要。在有氧条件下，有氧代谢产生的 ATP 比糖酵解多 13 倍。在氧供应不足的情况下，糖酵解系统能够作为 ATP - CP 系统的补充，为高强度活动供应能量。

* 有氧供能系统

在耐力型项目中，最主要的供能系统是有氧供能。线粒体能够利用能源和氧产生大量的 ATP。这个过程的主要能源是碳水化合物和脂肪。这些能源物质的分子在肌浆和线粒体内，在有氧氧化酶的催化下被分解，产生大量的能量。

1.1.2 游泳比赛项目的生物供能特点

50 米　这是最短的游泳比赛项目，以无氧供能为主。比赛的前 8～10 秒，依靠无氧非乳酸能量（肌肉内储存的三磷酸腺苷和磷酸肌酸）供能。以极限强度游 8～10 秒，大约会消耗掉一半体内储存的磷酸肌酸，继续游需动员体内的其他能源。比赛的后半程，依靠无氧糖酵解供能。终点时，血乳酸的值可达 8～13mmol/L。此时，冠军获得者磷酸肌酸反映活跃，血乳酸积累的程度较浅。能量代谢的这种对比关系反映出短距离素质表现特征。至于供能成分中的有氧能力，在如此短的比赛时间内，耗氧水平不可能增加很多，游抵终点时，耗氧水平也不会超过极限耗氧水平的二分之一。耗氧量不仅取决于机体的有氧能力，还取决于比赛全程中的呼吸方式（比赛开始和游抵终点前，运动员往往憋气前游）。如果以 22～25 秒的速度游完 50 米，平均耗氧量在 0.5～1 升左右，一半情况下，游抵终点时，运动员机体内积累的氧债不会超过 8 升。

100 米　在 100 米比赛项目中，同样以无氧供能过程为主，无氧供能较有氧供能的比重多 3 倍。氧债值可能会超过 16 升，其中非乳酸能量供能大约在 3～4 升之间，乳酸盐供能超过 12 升。游抵终点时，血乳酸水平可增至 14～18mmol/L，酸基础平衡急剧变化，疲劳加剧，工作能力下降。与 50 米比赛相比，有氧能量作用明显增加，100 米比赛期间的吸氧量可达 4～5 升。在评价各种能源的作用时，有氧能量作用明显增加，100 米比赛期间的吸氧量可达 4～5 升。在评价各种能源的作用时，还是应强调糖酵解能量和非乳酸能量在供能中的作用，因为这两种能量在 100 米比赛中占总能量的 80%。

200 米 200 米项目比赛时间约为 2 分钟。与其他比赛项目比较，200 米比赛对无氧糖酵解能量提出更高要求。游抵终点时，血乳酸可达极高水平（18～22mmol/L），pH 值科下降到临界值（7.00），机体积累的氧债达 20 升。与此同时，在 200 米比赛中，有氧代谢强度加大，吸氧量可达 9～10 升，这大约为所需总能量的三分之一。在 200 米比赛冲刺阶段可通过血乳酸指标判断运动员能力发挥情况。如果在重大比赛中，高级游泳运动员血乳酸指标明显低于 16～18mmol/L，说明运动员在这项比赛中没有发挥其潜力。

400 米 400 米比赛开始，以有氧能量供能为主，与无氧能量供能相比，有氧能量供能更经济。耗氧量可达极限值（高级游泳运动员有时可达 5 升/分钟以上）。比赛期间，总的吸氧量在 15～20 升之间。但是比赛中的氧债值仍然很高（超过 12～14 升）。这与无氧糖酵解过程加快有关，游抵终点时，血乳酸浓度往往达 12～18mmol/L。

800 米和 1500 米 长距离比赛，主要通过有氧途径满足机体的能量需求。也就是说，对工作肌的输氧和耗氧系统（线粒体系统）工作提出极高要求。比赛过程中，耗氧量接近极限水平，例如，1500 米比赛时，吸氧量值可能会超过 70 升，约占总能量消耗的 90%（比赛结束时，氧债约为 8 升）。同时，在 800 米和 1500 米比赛中，无氧糖酵解过程加强，血乳酸值可达 8～14mmol/L（特别在能量耗竭时），见表 2 - 1。

表 2 - 1　不同游泳距离比赛各供能系统供能的比例

比赛距离 （米）	大约时间 （秒）	磷酸原系统 （%）	糖酵解系统 （%）	有氧代谢 （%）
50	23	78	20	2
100	50	25	65	10
200	110	10	65	25
400	230	7	40	53
800	470	6	30	65
1500	900	3	20	77

1.2　游泳能量训练

近年来，世界优秀游泳运动员的心脏容积指数（18～20ml/kg 体重）和最大摄氧量（80～90/kg 体重）指标并无明显增长，但运动成绩仍在不断提高，这就提示骨骼肌代谢能力的提高较心血管系统供能对高水平运动能力的提高更为重要。根据能量代谢理论，人体一切肌肉活动所需的能量都直接来自体内的高能磷酸原、三磷酸腺苷及磷酸肌酸的分解。这种供能方式不消耗氧，也不产生乳酸，成为非乳酸供能。由于体内高能磷酸原储备量仅能保证 10 秒钟左右的最大强度运动，持续的运动有赖于磷酸原的再合成。再合成磷酸原所需的能量在大强度工作供氧不足的条件下，由糖原的无氧酵解提供，而糖原的无氧酵解会产生大量的代谢产物乳酸。所以，这将抑制供能速度，迫使运动强度下降，因此，大强度运动一般也只能持续 2～3 分钟。随着运动强度下降，供氧充分，再合成磷酸原所需的能量将主要由糖原的有氧氧化提供。这种方式成为有氧代谢。其不产生乳酸，可维持长达数小时的较低强度运动。按照能量供应系统理论，根据项目的特点来安排训练负荷是近代科学训练中受到推崇的观点，这种观点表明：训练手段更加专项化和个人化，训练目的更加明确，而且训练目的在有氧训练和无氧训练的基础上划分得更加精细，生理学的研究已经能够确定不同距离和强度时肌肉活动能量供应的百分比，为训练的科学化提供了可靠的参考依据。

1.2.1 关于能量训练的观点

能量训练理论是从生理学、生物化学角度揭示了训练的实质，但如何准确地划分和使用能量训练，目前各游泳强国尚有不同的看法。

❋ 澳大利亚重视中低强度的有氧训练

澳大利亚游泳界一向重视中低强度的有氧训练，他们认为距离长、中低强度的有氧训练是非常必须的。澳大利亚备战亚特兰大奥运会所制定的各种能量训练计划，无论是长距离、中距离，还是短距离选手，中低强度的有氧训练大约占总量的40%。他们在这届奥运会上夺得3枚金牌，仅次于美国和俄罗斯。其中男子长距离自由泳运动员帕金斯以14：43.48的优异成绩打破了1500m自由泳世界纪录。

❋ 俄罗斯更重视无氧阈训练

俄罗斯的游泳研究人员和教练员认为无氧代谢的效率比有氧代谢低，高强度训练有碍于掌握正确的技术动作，使高效率的划水动作不可能在无氧代谢训练中完成。基于这种指导思想，他们的训练计划是围绕无氧阈而制定。他们认为：不断地推进无氧阈速度，在较低的乳酸水平上力求快速，训练中将血乳酸值控制在 1～8mmol/L 之间。采用这样的训练 3～4 年后，运动员的无氧阈速度大约可达到比赛速度的90%，以无氧阈速度逐步代替接近比赛速度，用有氧代谢方式比无氧代谢方式经济。以俄罗斯为代表的训练模式是以无氧阈为核心，努力扩大最大摄氧量的比重，无氧阈训练占总量的45%～55%，最大摄氧量训练占6%～10%。

❋ 美国偏重于高强度的无氧训练

美国运动生理学家巴特尔斯曾说过："美国男游泳水平是第一流的，而他们采用的大部分是无氧训练，这是美国取得成功的方法。"美国许多教练认为，忍受乳酸能力和乳酸峰值训练正是他们感兴趣之处，美国短距离训练成功的秘密是高强度。美国还非常重视非乳酸系统的无氧训练，着重发展运动员的爆发力。美国这种传统的训练指导思想造就了大批的世界冠军，使他们在历届奥运会上保持着金牌总数第一的游泳强国地位。

1.2.2　能量训练的分类

1.2.2.1　有氧训练

有氧训练包括任意游、低强度的训练、无氧阈训练和最大摄氧量训练。

＊ 任意游

特征：小于75%的 200 米比赛速度和80%无氧阈速度，心率在120次/分或比最高心率低80 次/分，血乳酸在 0～2mmol/L。

运用：准备活动及恢复性游泳，放松游。

＊ 低强度训练

特征：75%～85%的 200 米比赛速度和95%无氧阈速度，心率在120～150 次/分或比最高心率低80 次/分，血乳酸在 1～3mmol/L。

运用：发展一般耐力，提高每搏输出量。因为强度较低，可持续工作较长时间，有利于发展耐力，对心血管系统也有良好的影响。对肌肉代谢的影响不大，不能提高肌肉的适应能力。无论采用长距离或短距离的多数重复，都应保持一个练习组合的时间在 30～45 分钟。

＊ 无氧阈训练

特征：85%～90%的 200 米比赛速度，训练有素或耐力型运动员可达90%或比最高心率低30～70 次/分，血乳酸在 3～5mmol/L。

运用：无氧阈速度是发展有氧耐力的最佳强度，因为无氧阈训练是工作肌在保持乳酸的产生和排除处于平衡的状态下工作，这种速度可以维持较长的工作时间，是发展耐力最有效的方法。

在较低的乳酸水平上力求快速，这是发展耐力的重要原则。无氧阈速度训练可以改善骨骼肌的代谢，提高肌肉耐力，提高氧的利用率，提高在有氧条件下的工作能力。手段的特点是匀速长游或短休息的间歇训练，各种距离均可，完成方式多。

＊ 最大摄氧量训练（有氧无氧混合训练）

特征：200 米比赛速度的 90% ~95%，心率 160 ~190 次/分，比最高心率低 40 ~10 次/分，血乳酸在 4 ~8mmol/L。

运用：提高最大摄氧量及氧运输能力，改善乳酸的排除能力。有利于提高有氧耐力，是游泳运动员专项能力的基础。最大摄氧量的训练是有氧训练过渡到无氧训练的中间关键环节，必须在无氧阈训练基础上提高，必须长期地、有计划地、有目的地发展。

1.2.2.2 无氧训练

无氧训练是指无氧糖酵解运动，是指运动员在缺氧的情况下持续运动的能力。无氧训练包括耐乳酸训练、乳酸峰值训练和磷酸原训练。

＊ 耐乳酸训练

特征：95% ~110% 的 200 米比赛速度，心率 190 ~200 次/分，比最高心率低 10 次/分或极限心率，血乳酸在 8 ~12mmol/L。

运用：可以有效地改善无氧的运输能力和忍痛能力，可以提高工作肌缓冲和耐受乳酸的能力。除了发展速度耐力素质以外，更重要的是通过这类训练适应比赛，挑战自我，建立信心。要在身体情况正常时进行，不要在疲劳或肌肉僵硬时进行，练习前应有大量的准备活动，练习后有大量的放松游。当不能按要求完成成绩时即停止。

＊ 乳酸峰值训练

特征：95% ~110% 的 200 米比赛速度，心率 190 ~200 次/分或最高心率，血乳酸在 10 ~18mmol/L。

运用：乳酸大量产生，达最高值，改进忍受乳酸能力，培养比赛能力及比赛技术和专项能力。练习前的安排应尽量与比赛前的准备活动相似，以培养运动员的适应能力。在疲劳时要维持良好技术及减阻能力。

＊ 磷酸原训练 ~速度/爆发力训练

特征：110% ~120% 的 200 米比赛速度，心率 160 次/分，血乳酸在 2 ~3mmol/L。

运用：改善肌肉利用和储存能量的能力，提高磷酸肌酸的再合成能力。提高绝对速度和比赛技术。

1.3 游泳训练的原则

训练的过程实质上是使机体产生机能变化和激发的适应过程。运动训练的规律应与适应过程的特点相符。根据这个规律，运动训练应该遵循如下原则：

1.3.1 超量负荷原则

这个原则的含义是，针对某生理反映过程而进行训练的负荷应超过平常的需要，否则机体就不会产生适应。这个原则就要求训练量既要达到足以刺激适应产生的地步，又要防止过大的训练量导致损伤或过度疲劳，损害训练效果。如果训练负荷超过了某生理系统的承受范围，该生理系统就会被损害。

1.3.2 循序渐进原则

在运动员对某个训练负荷适应之前，该负荷对运动员来说是超量负荷。但一旦产生适应以后满负荷的强度和持续时间就应该增加，产生进一步的适应。以阶梯式增加训练负荷的过程就是循序渐进的过程。

1.3.3 专门化原则

专门化训练应包括三个方面：

＊ 针对比赛速度进行的专门化训练

＊ 针对特殊肌纤维进行的专门化训练

＊ 针对特殊能量系统进行的专门化原则

1.4 游泳训练负荷

量和强度是运动负荷的两个方面。而量和强度，有的称有氧和无氧，也有的称大数量有氧训练、高强度无氧训练，其本质是耐力、速度范畴。这是现代科学训练中最敏感的问题，也是上世纪 70 年代以来运用能量代谢训练理论后游泳界的热点，是现代科学训练的指导思想之一。那么在利用科学的手段监控训练负荷时，目前能反映骨骼肌代谢情况和准确诊断机体承受运动负荷的状况的最实用、最有价值的指标，仍然是血乳酸值。

2. 血乳酸与运动训练

乳酸是供能体系的重要中间产物，它既是糖酵解供能系统的终产物，又是有氧代谢供能系统的氧化基质。运动时，肌肉是生成乳酸最多的部位，长时间或大强度运动时，可能因细胞膜通透性增加和（或）组织损伤而引起血乳酸升高；运动后乳酸的代谢去路主要被氧化成 CO_2 和水，主要部位在骨骼肌和心肌。血乳酸是通常被用来反映运动能力的一种生化指标，对运动训练具有指导和评价作用。

2.1 运动时乳酸的产生

运动时体内乳酸的增加主要是由骨骼肌产生的剧烈的运动消耗大量的 ATP，同时产生大量的 ADP，造成胞内 ATP/ADP 比值倒置，使己糖激酶、1，6 – 二磷酸果糖激酶、丙酮酸激酶的活性增加，加快糖生成丙酮酸并伴随 NADH 的大量产生，导致 NAD + /NADH 降低而由于剧烈运动，运动肌肉局部相对缺氧，因此，剧烈运动的肌肉一方面大量产生丙酮酸、NADH，而另一方面又由于胞内相对缺氧，不能及时地氧化产生的丙酮酸，于是丙酮酸的底物作用，NAD + /NADH 比值降低均可使胞内 LDH5 活性增强，加快催化丙酮酸还原成乳酸，致运动时体内乳酸的大量增加。

2.2 体内乳酸的消除

运动时骨骼肌产生的乳酸在运动中、运动后的清除有三个途径：1）在骨骼肌、心肌等组织中进一步氧化成 CO_2 和水；2）在肝脏中异生成糖；3）转化成脂肪或丙氨酸。值得一提的是乳酸的清除并非在运动后才开始，而是在运动中、运动后乳酸都在不停地转化。只是在不同的运动时乳酸转化的主要方式、转化的量各不相同而已。乳酸的 PKa = 3.7，而骨骼肌细胞中 PH = 7.0，故在生理状态下，乳酸呈离子状态存在．离子状态的乳酸与分子状态的乳酸之比为 2000：1，乳酸透过细胞进入血液是以分子形式进行的。其透过速率与胞内、外乳酸浓度之比的对数成正比，因此，给运动员服碱性饮料，降低胞外 H + 浓度，促进乳酸扩散到胞外从而有利于运动成绩的提高。血乳酸消除的半时反应大约为 10~15 分钟，恢复到安静时水平为 30 分钟左右，体能高者比体能低者恢复快，因此，可测定运动后乳酸半时反应来评定运动机能状态或训练水平。早年 A. V. Hill 等（1925 年）认为运动后 80% 乳酸转化成糖，20% 乳酸被氧化成 CO_2 和水。Margraia（1933 年），Pramoero（1971 年）以过多氧耗计算认为 90% 的乳酸在肝中转化成糖，其余转化为 CO_2 和水，但这些观点与许多实验结果不一致，如肝最大血流量和静脉差每分钟只清除 0.1~0.2 克，占总清除量的 1~2%，因此，运动后乳酸的清除远非上述途径和数量关系。

2.2.1 乳酸与糖原合成

同位素标记实验发现：肌肉、肝脏均可利用乳酸合成糖原，其利用率与血乳酸的浓度正相关，且受胰岛素的调节。新近发现肝糖原的合成首先由葡萄糖在骨骼肌转化成乳酸，然后乳酸在肝脏中异生成肝糖原，果糖有促进肝糖原的合成，而葡萄糖则有促进肌糖原的合成。

2.2.2 乳酸的氧化

大量研究表明：乳酸在安静或运动后的代谢方式主要是氧化成 CO_2 和水，安静时乳酸的生成约为 $100 mg \cdot kg^{-1} \cdot h^{-1}$，经氧化途径清除的乳酸约为 50%，运动时乳酸相对和绝对氧化速度均增加，如在 50% $VO_2 max$ 强度运动，乳酸氧化占总量的 90%，氧化速度增加 3.5 倍，在 50~70% $VO_2 max$ 运动时乳酸的氧化速率与 VO_2 呈线性关系。在乳酸的氧化过程中存在肌肉和血管间的穿梭作用，即运动肌与非运动肌、运动肌通过血循环与心肌之间的乳酸交换，运动后乳酸和代谢主要是氧化成 CO_2 和水，主要的部位在骨骼肌和心肌，此外，乳酸也可在肝脏通过异生成糖或转化成脂肪或氨基酸，各转化途径受运动强度、持续时间、膳食条件、代谢状态的影响。

2.3 血乳酸指标在运动训练中的应用

血乳酸被认为是能准确、客观、灵敏地反映运动强度、体能水平和训练效果的良好生化指标，已越来越受到重视。

2.3.1　血乳酸与耐力训练

大量研究指出：耐力训练中运动强度要使身体达到适当的刺激，血乳酸达 4mmol/L 稳态浓度最合适，比 7～9mmol/L 更有利于有氧耐力的提高，在这样强度水平运动 20～30 分钟血乳酸浓度不会进一步升高，故认为训练时 4mmol/L 血乳酸浓度是有氧耐力训练的最适强度，血乳酸过低说明强度不够，血乳酸过高易导致疲劳，均不利于运动成绩的提高。

2.3.2　OBLA 和 RPE 合用

OBLA 指运动时血乳酸突增的运动强度，RPE 是运动时主观用力感知程度，有氧运动时二者之间存在一定的相关性，故可用 RPE 代替血乳酸控制训练强度。

2.3.3　HR$_4$ 训练

HR$_4$（乳酸阈心率）训练是指运动强度达 4mmol/L 乳酸阈时的心率，可用 HR$_4$ 控制耐力训练的强度。

2.3.4　血乳酸与亚极量训练

提高机体对乳酸的耐受力对中长跑、100 米游泳、400 米游泳等项目运动员尤为重要。乳酸耐受力训练是采用适宜的负荷使第一次负荷后血乳酸达到较高水平，目前认为 12mmol/L 较为适宜，然而保持在这一水平，使机体在较长时间耐受高乳酸水平的刺激，从而提高速度耐力。具体方法是 1 分钟全力运动使血乳酸达 12mmol/L，休息 4～5 分钟后待血乳酸有一定程度消除后，又进行下一次训练，使血乳酸重新升至 12mmol/L，重复几次练习提高机体对乳酸的耐受力。

2.3.5　血乳酸与超极量训练

用 45 秒至 2 分钟最大强度运动（如 400m～800m 跑）使肌肉、血乳酸达到最高浓度（25mmol/L），为安静时的 15～20 倍，这样高的乳酸水平是极量运动时导致疲劳的一个主要因素，故为适应超强度运动训练时尽量使血乳酸的浓度达到最高水平。乳酸的生成速率与运动强度呈线性关系，100m、400m 跑时血乳酸与运动成绩正相关，全力运动后血

乳酸水平是一个标准化、可靠数值，可评价专项极量运动的能力。

2.4 血乳酸应用中应注意的问题

采血的部位和时间可影响结果。末端毛细血管采血（耳垂、手指）乳酸水平比静脉血低，且易被组织液稀释，细胞内乳酸扩散入血达到平衡需 3～6 分钟，故运动后 3～6 分钟采血较准确地反映细胞内乳酸水平；其次是负荷递增和时间递增以及负荷方式可影响血乳酸的水平变化。

2.5 血乳酸在游泳训练中的具体应用

2.5.1 制定训练方法

训练方法的科学制定是训练科学化最关键的问题之一。血乳酸测定在游泳训练中应用最重要的方面即：制定训练方法。制定游泳训练的方法即是通过测定不同训练手段的血乳酸值，取得各种不同强度的乳酸值后，反过来又用血乳酸值来分配各种训练手段不同强度的百分比。其优点是：可以使训练避免盲目性、经验性。

在训练方法的制定过程中，还应考虑运动员的个体差异，如：性别、年龄、训练水平等。目前，这方面的研究和应用都还不够。今后，应加强有关的研究和应用，使游泳项目的训练方法更加合理、科学。

2.5.2 安排训练强度

合理安排训练强度是提高运动成绩的重要手段。在以往的游泳训练中多采用计时和测定心率的方法以确定训练强度，现在认为更精确的方法是通过测定血乳酸安排训练的强度。

进行有氧训练时多采用：乳酸为 4mmol/L 相对应的游速。进行无氧训练时多采用：乳酸为 10～12mmol/L 相对应的游速。

2.5.3 评定训练效果

训练效果的评定对调整训练计划、科学指导和控制训练有着十分重要的意义。在游泳训练中可通过测定血乳酸评定训练效果。

目前在游泳训练中评定训练效果常采用的方法是：测试绘制乳酸一速度曲线，进行同一个体的乳酸一速度曲线的前后比较。见图 2-1。

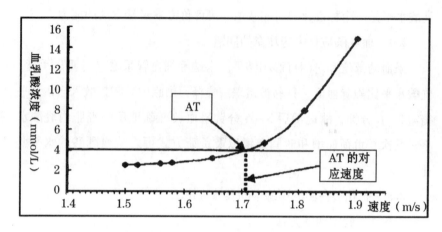

图 2-1　乳酸—速度曲线

✱ 向右移——是血乳酸值在同样水平上（或略降低），游速得到提高，意为着运动能力提高的表现；

✱ 向左移——表示血乳酸值虽然提高，游速反而减慢，运动能力下降的表现；

✱ 徘徊或无移动——运动能力没有提高；

✱ 呈聚团状——意味着低负荷时乳酸明显偏高，而高强度负荷时血乳酸值又不能相应升高，形不成一条曲线，此时运动员处于运动能力的衰退阶段。

第二节　心率训练

1. 心率指标在运动训练中的应用

1.1　综合反映体内各种生理变化

通过心里指标，可以比较准确地描述身体机能对运动刺激的即刻反应或者慢性适应。心率之所以能够反映体内的各种生理变化，是因为它的变化与运动负荷变化之间的因果关系。身体运动必然会使得能量代谢增加；能量代谢增加必然引起摄氧量增加；摄氧量增加必然引起心输出量增加；心输出量增加必然引起心率增加。因此，在相当大范围内，运动强度与心率发生平行变化。

1.2 心率可以反映运动强度

要使运动训练效果最佳化，取决于对训练3个要素即训练强度、训练持续时间与训练频度的有效安排与监控。这二者之中，训练持续时间与训练频度比较容易控制，最难控制的是训练强度。所谓训练强度，并非指教练员在训练课中给运动员所施加的外部负荷，如速度、距离、间歇时间与方式、练习频率等，而是指这些外部负荷作用于运动员后，能够引起运动员机体所发生的真实的身体反应程度。研究业已证实，心率与运动强度、摄氧量与能量代谢之间存在着显著的线性关系，尤其当心率变化范围介于 110～180 次/分之间时。换而言之，在递增负荷运动直至次最大负荷运动中，随着负荷强度逐渐加大，能量代谢需求越来越高，摄氧量越来越高，心率也会越来越高。运动员的多数训练（比赛）强度处于次最大强度以内，这时，心率就象汽车内的"速度计"一样，随着运动强度的变化，心率也发生相应的变化。

通过心率实时监控，可源源不断地将机体对运动负荷发生反应的生物反馈信息及时传送出来。这样，借助心率这个"速度计"提供的信息，教练员便可对运动强度随时进行调整，以获得理想的训练效果。

1.3 心率监控是保护机体安全的"保险杠"

教练员可利用实时心率评价运动员在训练课中的负荷和恢复情况，尤其将运动员的心率水平与 RPE（Ratings of Perceived Exertion，主观用力感觉量表）结合起来应用时。这样做，有助于运动员对不同的强度（速度）建立一种特定的自我感觉，并在训练或比赛中按照这种感觉控制运动强度或速度。

心率是掌握运动员训练课中恢复情况的良好指标。这可以通过测量运动员的清晨心率（晨脉）来实现。清晨心率升高是运动员尚未完全恢复的重要迹象。有时候，运动员自我感觉已经完全恢复了，但心率却显著高于平日，表明尚未完全恢复，并提示需要适当调整当日的训练计划。当运动员发生过度训练或者过度疲劳现象之后，在负荷过程中达到同样心率，主观用力感觉会增加。

心率监测还有助于运动员从运动伤病中尽快得到恢复。运动员发生运动损伤或运动性疾病后，一般都需要停训一段时间，体能会不知不觉降低。因而在恢复最初，运动员在完成很小的工作量时，自我感觉用力程度很小，但心率反应往往很高。就是说，在恢复初期，运动员对运动负荷的自我用力感觉与对此负荷所发生的实际生理反应不相吻合。在缺乏心率监测时，教练员与运动员往往难以觉察这一点。若能够利用心率监控，逐渐通过练习有助于运动员建立起与心率反应相吻合的主观用力感觉并逐步过渡到正常训练。

2. 心率在游泳训练中的应用

在游泳训练过程中，通常测运动后即可测量心率，用于观察对运动量的反映和训练强度指标。中国教练委员会和科学研究委员会曾就以心率计算强度的方法做过调查，并初步确定了一个同一的计算方法。

运动后即可所测脉搏于运动强度的关系：

大强度——180 次/分以上

中等强度——150 次/分以上

小强度——144 次/分以上

运动后 5～10 分钟心率恢复于运动负荷的关系：

小负荷——恢复到运动前心率

中负荷——较运动前快 2～5 次/10 秒

大负荷——较运动前快 6～9 次/10 秒

这些心率指标也是目前广大游泳教练员经常采用的几种训练强度指标。

但在训练实际过程中，心率于运动强度的关系表示，当运动强度一下子达到很大时，心率也就一下子升高，但以同样的强度持续运动时，过 2～10 分钟，心率就停留在一定水平上（稳定状态）。

在达到"稳定状态"时之前，心率与运动强度之间基本是呈线性相关。因此，在心率达到稳定状态之前，用心率数是可以作为运动强度指标的。即长时间、以一定强度游时，因心率还处于稳定状态范围，可以使用心率数作为运动强度的指标。但它的有效性必须是建立在不超过最大摄氧量水平的基础之上。

但研究表明，在游泳比赛中 80% 的项目强度超过最大摄氧量，所以在训练中也就必须频频采用这样高强度，但这时的心率数却不会超过最高心率数。因为在实际运动中强度即使超过 100% 最大摄氧量，心率数也不不会超过最高心率数。也就是说，因超过了 100% 最大摄氧量的无氧系统训练，心率数已不能反映此时的运动强度。因此，以心率作为训练强度的指标时应该注意：

＊ 100% 最大摄氧量时的运动强度以将心率数作为训练强度指标的界限。

＊ 运动时的最高心率不一定就是最大强度。当运动强度达到最大摄氧量时，心率就已基本达到最高水平。而在实际训练过程中，运动强度往往要达到最大摄氧量的 150% 以上，甚至达到 200%，但此时运动后即刻的心率却要比最高心率数低。

＊ 每一个人的最高心率是因人而异的，要区别对待。

＊ 有劲速度不同，不同距离项目运动员之间心率的上升速度也不同。特别是短距离运动员，当以最高心率数减去 10～20 次/分的强度训练时，心率的上升速度要比长距离运动员快。

第三节　游泳训练的日常监控

根据机体不同的功能及代谢供能系统，确定运动员身体机能检测与评定的生理生化方法及指标，以此有针对性地对运动员承受运动训练负荷的状态进行诊断，是运动员训练监控的主要目标。结合运动训练实践的需要，综合前人研究的基础上，建立了运动员承受运动训练负荷状态的诊断系统及其支持系统。

在对运动员承受训练负荷状态的诊断系统中，我们选择的主要的日常监控指标有：睾酮、皮质醇、血红蛋白、血清肌酸激酶、血尿素、血乳酸、心率。

1. 睾 酮

测试方法：每四周测一次，每次测试选择在周六早上清晨 7：00 ~ 8：00，抽取静脉血 1~3ml，分离血清来测定，测定方法多为放射免疫法。

应用：正常情况下，男运动员的睾酮参考范围为 280~1000ng/dL，女运动员的参考范围为 10~100ng/dL。一般来说，身体机能良好时血清睾酮水平变化不大，且有体能增强伴有血清睾酮增加的趋势。当运动员血清睾酮升高时，可认为机体合成代谢旺盛，可继续大强度训练，以获得更好的训练效果；当运动员持续出现明显下降时，应考虑可能是疲劳、过度训练或机能状态不好。在正式比赛前应将血清睾酮调整到个人正常范围内。

2. 皮质醇

测试方法：每四周测一次，每次测试选择在周六清晨7：00 ~ 8：00，抽取静脉血 1~3ml，分离血清，采用放射免疫法测定。

应用：一般认为皮质醇在 10ug/dL 以下运动员的机能状态良好。皮质醇是代表机体分解快慢的指标。当运动负荷量过大，体内分解代谢旺盛，血清皮质醇升高。在一个训练周期后的恢复期，如果血清皮质醇恢复速度缓慢，表明运动员对训练的适应性较差，或是身体机能下降。当运动员完成相同的运动负荷时，如果皮质醇上升的幅度逐渐下降，则提示运动员机能状况良好，同时也是该运动员训练适应性提高的结果。

3. 血红蛋白

测试方法：每周测试一次，测试时间为每周六清晨 7：00 ~ 8：00，取指血 50 ~ 60ul，全血测试。

应用：一般人 Hb 的正常范围是男性 120 ~ 160g/L，女性 110 ~ 150g/L。我国运动员安静时 Hb 值范围与正常人基本一致。因此，运动员贫血的诊断标准与常人一致，即男性低于 120g/L，女性低于 110g/L，14 岁以下男女均低于 120g/L 作为贫血的参考值。

4. 血清肌酸激酶（CK）

测试方法：每周测试一次，测试时间为每周六清晨 7：00 ~ 8：00，取指血约 150ul，分离血清测试。

应用：安静时，血清 CK 总活性的范围为：男运动员 10 ~ 300U/L，女运动员 10 ~ 200U/L。在运用血清 CK 的过程中，我们可以通过比较训练前和训练后的活性值，可以用来评定身体的恢复情况及对运动负荷的适应情况。可以 2 ~ 3 天取血测试一次，在负荷后一般处于 100 ~ 200U/L 范围内。如果超出 300U/L，则是表示运动量过大、身体负荷尚未恢复的表现。定量负荷后，如果血清 CK 活性的上升幅度减小或恢复加快，说明身体对运动负荷已适应。

5. 血尿素（BUN）

测试方法：每周测试一次，测试时间为每周六清晨 7：00 ~ 8：00，取指血约 100ul，分离血清测试。

应用：运动员血尿素安静值常常处于正常范围的偏高水平。我国优秀运动员晨起血尿素值应在正常范围为 4 ~ 7mmol/L。在训练周期，运动血尿素指标进行身体机能状况评定时，可按下面三种情况进行评定：（1）大负荷量训练日的次日晨增加，但在训练周期结束时能恢复正常水平，则为训练负荷量合理。（2）大负荷量训练日的次日晨无明显变

61

化，则为训练负荷量不足。（3）大负荷量训练日的次日晨上升，并持续至训练周期结束，则训练负荷量过大。

6. 血乳酸

测试方法：每日监测，根据教练员的训练安排而定。取指血 20ul，使用美国 YSI～1500 血乳酸测试仪测定。

应用：如第一节所述，此处不做详细阐述。

7. 心　率

测试方法：每日监测，每一项训练计划完成之后，触摸颈动脉脉搏。

应用：如第二节所述，在此不做详细阐明。

监控运动员的机能状态，一个重要的目的在于控制运动员的疲劳状态和疲劳消除状态，在查阅了大量的文献之后，我们建立了运动员身体机能评价标准，见第一章表 1－5 至表 1－12。

（韩丽娟　闫会萍　杨　阳）

参考文献

1. 赖柳明. 改善体成份的方法与机制研究. 北京体育大学博士论文，1996

2. 冯炜权. 运动后恢复过程规律的生化研究进展（未完待续）［J］. 沈阳体育学院学报，2004：23（1）：3～66

3. 武桂新等. 运动应激与睾酮生物合成研究进展［J］. 北京体育大学学报，2001，24（3）：242～246

4. 李志清. 运动对生长激素分泌的作用及其影响因素［J］. 中国运动医学杂志，2001：20（3）：298～301

5. 周东波，何平. 我国运动员血清 T/E2、T/F 水平的研究. 体育科学，1994：14（5）：65～70

6. 冯连世等. 运动员机能评定常用生理生化指标测试方法及应用［M］. 人民体育出版社，2002

7. D. Souza et al. Gondal hormones and semen quality in male runner: A 'volume threshold' effect. Int J Sports Med 1994: 68: 402 ~ 11

8. D. Souza. The effect of endurance training on reproductive function in male runners – A 'volume threshold' hypothesis. Sports Med 1997; 23 (6), 357 ~ 374

9. Consitt et al. Endogenous anabolic Hormone Responses to Endurance Versus Resistance Exercise and Training in Women. Sports Med 2002; 32 (1), 1 ~ 22

10. A. C. Fry et al. Pituitary – adrenal – gonadal responses to high – intensity resistance exercise overtraining. J Appl Physiol 85 (6): 2352 ~ 2359, 1998

11. Mero AJaakkola L. Serum Hormones and Physical Performance Capacity in Young Boy Athletes during A 1 – Year Training Period. Eur J Appl Physiol. 1990; 60 (1); 32 ~ 37

第二章

游泳训练的控制

63

第三章 科学训练的计划安排

科学训练，必须以符合运动员生理规律，具有合理的刺激，积极的恢复，超量的提高为一个完整的过程。

第一节 训练计划中涉及到的训练理论

训练的安排中，涉及到众多的生理学问题，尤其是节律、恢复、提高的规律性问题，将这些涉及机体适应性变化的理论用到训练安排方法中去，有着重要的意义。这些理论研究法包括：训练的时期划分、训练的循环种类及训练的模式建立和系统化等。

1. 训练的阶段划分

现代的时期划分理论最早是在 1965 年 Matveyev 提出的。这种方法为了使训练计划的时间过程有一定的组织构造，把训练计划划分成主要的阶段和时段。包括多年计划和全年计划。多年计划贯穿在运动员的训练和比赛中并指导其训练需求。一个多年训练计划是由全年训练计划的集合而成的，随着运动员的训练水平和比赛能力的改变而改变。在每一个训练年限中，时期划分把全年计划分解成主要的训练时期，再进一步分解成更小的训练阶段。全年计划的时期划分的是为了引导运动员在重大比赛中发挥出最佳水平和保证他们对运动的掌握继续增长。

1.1 多年训练计划的阶段划分

多年训练计划试图在游泳运动员训练和比赛生涯中调节其训练任务。多年计划的基本方针是决定开始训练的年龄范围、运动员开始进行专项训练的年龄和应该达到最高表现水平的年龄。对优秀游泳运动员的调查指出，在竞技游泳中过早开始专项化对运动员的最终的发展和运动寿命是有害的。

从对重大比赛的研究中得到的数据导致了一个达到最高水平的年龄的观念。男子一般在 18～19 岁达到最终运动表现，女子一般在 16～19 岁达到最终运动表现。

在这些数据的基础上，多年训练计划被分成不同目的训练阶段。Matveyev 把多年的训练计划分成 2 个主要阶段。

＊ 训练的预备阶段（第 1 阶段）

训练的预备阶段从 7 岁到 11 岁。这个阶段强调一般身体素质的准备，参加种类广泛的其他运动和动作的教育，目标是提升身体素质和身体的协调性发展。初步的水中动作可以在这个阶段开始，并配以很小比例的竞争意识的培养。

＊ 广泛专项化阶段（第 2 阶段）

专项化的最初阶段：这一阶段标志着大量专项化训练阶段的开始。这个阶段的年龄范围一般从 11～12 岁。游泳运动员应该熟练掌握所有的 4 种竞技泳姿。用来娱乐的水中动作应该继续完善，但是初步的结构的训练应该在此时逐步引进。比赛的数量和频率应该继续增长，但不要超过运动员的意志所能承受的水平。

专项化的提高阶段：在这一阶段，运动员经历了迅速的成长和成熟。训练必须在对生物学系统的有利的适应性的调整下进行，这一点很重要，因为在竞技游泳中成熟的过程可能会出现对身体的损害问题，对女性运动员来说，尤为重要。第 3 阶段的训练与第 2 阶段的训练相似，以逐渐增长的训练的质量和数量为标志，逐渐向更加专项化的准备训练转变。水中训练应该是全方位的，为不同种类和不同距离的竞技游泳做准备。比赛的数量、频率和要求应该继续增加。比赛成绩应该逐渐提高。在这个阶段，运动员应该经历他们的第一个大飞跃。

细节化的准备和完美动作阶段：此阶段中建立不同的目标。训练应该全部专项化，此时在训练总的范围内，开始出现一个稳定期。专门的准备变得不再是全方位了，而是更加专门针对竞赛。通常在这个阶段，运动员开始接近他们的最高竞赛水平，并且开始围绕重大比赛计划训练进程。

最高掌握阶段：此时，运动员到达最高的职业状态。此阶段的目的是把运动员提升到他们的最好的表现水平，并且试图尽可能长时间的保持这个水平。在这个阶段，总的训练量稳定不变，但是训练要求增加，减少非专项低强度的训练。由于运动形式已经达到了一个高水平的稳定期，运动员可以专门为争先或最后冲刺做准备。

当运动员进入多年计划的第二阶段的 3 或 4 小阶段，他们的对比赛渴望的状态已经确定了。多年训练计划的程序组织围绕为了适应最终比赛的日程而制定。对优秀运动员来说，这通常是两年一个循环，更普遍的是 4 年一个训练循环，就像一个奥林匹克循环，4 年一个周期的计划。奥林匹克循环以由大到小理论为基础，这个理论建立了一连串的训练年限，每一年主要强调一种基础身体能力的发展。在接下来的训练年限中，每一年变换一种强调的重点来发展其他的身体素质。在开始的前 3 年训练中，尝试对训练效果的肯定和积累，在第 4 年中，这些身体素质整体朝着最佳的顶点发展并且到达顶峰，也就是陆一帆等提出的个体化的最佳竞技状态模式的建立。一些优秀运动员一旦最终的比赛结束，将会重新开始另一个奥林匹克循环。

表 3-1　阐明了 4 年循环的基本原则

第 1 年	第 2 年	第 3 年	第 4 年
耐力技术	力量	速度	前几年训练的融合 运动能力 达到顶峰
耐力	技术	技术	
技术	耐力	力量	
力量	保持	耐力	
速度	速度	保持	

1.2　年训练计划的阶段划分

多年训练计划只是确定了每一年的基本训练任务。每一全年计划的时期划分开始明确训练组织的细节。全年训练或季度训练被划分成 3 个主要的计划周期：准备周期、竞赛周期和过渡周期。

（1）周期的划分

✳ 准备周期

开始训练计划，在这个周期中，游泳运动员的大部分身体准备训练开始实施。它又可以分为一般准备和专项准备阶段。传统的时段划分选择这两种阶段，然而其它一些训练方法认为这两个阶段是一致的。准备时期的训练负荷量占总训练负荷的比例一般可以达到 80% 。一般准备阶段主要针对游泳运动员的全面发展，为今后的专项训练提供基础。在这个阶段中，像全身练习和其它运动形式的练习这样的训练手段占优势地位。在身体素质得到提升的同时，开始专项准备阶段，其主要是针对运动形式的发展。这些训练以一个很高的负荷开始，然后降低到适合的强度。

✳ 竞赛周期

以比赛进度表的开始或者包含重大比赛的时间表为起点，以重大比赛的完成为结束。竞赛周期可划分为比赛前阶段和比赛阶段。这个阶段的重点是强度问题，训练总量下降，但是对训练完成质量的要求却更加高了。在赛前阶段，训练主要是由内部训练和次要比赛来完善运动员竞技水平。在比赛阶段，大部分训练后适当延长恢复期。在此阶段，经常会通过超量恢复使得运动员的竞技水平和竞技状态在重大比赛中达到最高状态。

✳ 过渡周期

传统的训练中，比赛后是休息和恢复。训练的量和强度降到较低的水平。这个时段是为了防止对下一个训练周期产生不利影响。

（2）周期的时间段

传统划分时段的方法以主要阶段的持续时间和全年计划或半年计划

的结构为基础的，一般和专项训练的时间选择也是以此为基础。基于这个标准，准备阶段在半年计划里应该持续 3~4 个月，在一年计划里应该持续 5~7 个月。比赛阶段在半年计划里持续 2 个月，在一年计划里持续 4~6 个月。过渡周期传统的时间可以从 3 个月到 6 个月。

　　一般准备阶段和专项准备阶段的时间长度是以游泳运动员的训练水平和年龄为依据。对刚开始从事游泳项目的运动员来说，一般准备阶段远远长于专项准备的阶段，通常是专项准备阶段的 3 倍。对高水平游泳运动员来说，可以逐渐减少一般准备的长度，增加专项准备阶段的长度。如果这两个阶段一致，这两个阶段的比例以训练计划中负荷分配的改变为基础。在后面的部分里将讨论负荷的分配问题。

（3）其它周期划分标准

　　近年来，众多的学者为全年计划阶段的长度提供了新的标准。Bondarchuk 提出，不能仅仅通过年计划里的一个循环或两个循环的训练组成来决定训练阶段的划分。他对在运动能力发展中的一般身体准备的益处提出质疑。他提出阶段的划分应该由运动员达到运动顶峰的时间来决定，然后根据运动员的个人需求来安排训练阶段，并建议将一般和专项身体准备的训练安排在运动员的同一训练时期中同时存在。根据这种方法，一年的训练课程里形成了时段划分的 18 种类型。表 3-2 描述了阶段划分里的不同种类，这些变化的选择根据以达到最佳竞技状态所需的时间长短为基础。

　　从表中可以看出，计划时段的差异减少，而达到运动竞技状态所需的时间增加了。在 1、2、5、8 和 10 这五个时段划分中，把传统的准备阶段分为交替的一般和专项两个准备阶段。其他的时段划分中，一般和专项准备阶段同时存在而没有划分成独立的阶段。如果运用了传统的设计，准备阶段比现在设计的时间延长两倍。

表 3-2　阶段划分的不同种类的组成

种类		月份											
		10	11	12	1	2	3	4	5	6	7	8	9
种	1	准备阶段				比赛	准备阶段				比赛		
		一般	专项				一般		专项				
	2	准备阶段					准备阶段			比赛			
		一般	专项		一般		专项						
	3	准备			准备			比赛					
	4	准备			准备				比赛				
	5	准备阶段				比赛	准备阶段			比赛			
		一般	专项				一般		专项				
	6	准备		比赛		准备			比赛				
	7	准备		比赛			准备			比赛			
	8	准备						比赛					
		一般			专项								
类	9	准备				准备				比赛			
	10	准备				准备				比赛			
	11	准备			比赛		准备			比赛			
	12	准备阶段								比赛			
			一般				专项						
	13	准备					准备					比赛	
	14	准备				准备				比赛			
	15	准备					比赛						
	16	准备						比赛					
	17	准备					比赛						
	18	准备						比赛					

（引自《The New Science of Swimming》）

2. 循环计划

另一个用来描述训练阶段划分的术语是"循环"。由于应激和适应的自然规律，身体的生理状态趋向于一个相对比较稳定的循环节奏，这个循环节奏实际是训练的循环节奏。许多训练是以一系列的循环为基础，以此来确定训练时间和阶段，通常被称为循环计划。训练是上一个循环的重复，在训练阶段的划分中，可以随着比赛的时间安排要求而改变。为了确定训练循环的程序是否与比赛目标同步，调整时段划分是必要的。

训练的循环通常有 3 种。最短的是小循环，被定义为训练一段时间的集合。它可能短到两天，但一般是持续一周，也就是周循环。再一种稍微长一点的训练循环是中循环，它是一种平均或者适中的循环，可能短到两周，一般持续一个月，包含多个小循环。最长的循环是大循环，它包含一年的和半年的循环，也就是在一个训练年限中进行一次或两次循环，例如，优秀运动员经常用的奥林匹克 4 年计划。

2.1　大循环及其阶段的划分

大循环只是简单地指定在一个训练年限中主要时段的数目和持续时间。一年一次循环的计划包含一个准备期、一个比赛期和一个过渡期，而一年两次循环的计划包含两个准备期、两个比赛期和两个过渡期。现行的训练和生理学理论要求，在训练中建立一个长达一年的训练增强期，它将改变下一个全年大循环的组成。

2.2　中循环及其阶段划分

根据训练理论，不同的训练任务有不同的中循环的种类。一旦一个全年计划的阶段划分被确定，在准备和竞赛期，不同的中循环的次序和持续时间将被决定下来了。表 3－3 展示了中循环的不同种类。

表 3 – 3　训练管理中准备和比赛期的中循环的种类

种　　类	主要任务	内　　容
诱导性的中循环	更正并建立一般运动规律	主要的训练方法是一般手段训练（锻炼），强度很小
基本中循环	加强对专项的技术和能力训练，以改进运动员的运动水平，了解并改进训练	主要的训练方法是专项训练方法，训练过程中运动量和强度合理协调，构成相关的最佳负荷
准备和控制的中循环	把个人的高水平表现进一步提高；对于运动员的状态进行控制	专项训练方法；用多手段控制训练，加强迅速恢复的手段
辅助的中循环	克服弱点，纠正错误，稳定新掌握的技术和能力	以专项训练方法为主；强调运动量和强度相关的最佳负荷的限定因素
竞争的中循环	把重点放在最佳竞技状态的表现；在比赛情况下按标准顺序进行练习	和比赛相同的负荷占很大的比例；按照比赛的频率；总的负荷强度；同时注意加强迅速恢复的手段
中间的中循环 A	通过一系列的比赛进一步建立表现最佳竞技状态的的生理基础	为了进一步提高个人水平的专门练习；少量比赛；最佳比赛负荷
中间的中循环 B	在一个相当长度的比赛期内恢复并稳定竞技表现	增加积极性恢复的手段
比赛前中循环	表现最佳竞技状态，稳定所有相关因素；为达到竞技水平最高峰做准备	以主要任务为依据的最高可能的负荷参数

（依 Bondarchuk）

　　在中循环的种类中，部分训练过程中的阶段划分保持了相对的完整，而其他部分只是在训练中进行了一些典型的辅助性。这些辅助性手段包括了控制－准备中循环，中间的中循环和恢复性中循环。

另外，在不同阶段和时期的训练过程中的训练任务的种类表现了不同中循环的特色。他们或者是刺激性的，也就是在训练过程或循环中训练负荷是逐渐增加的；或者是稳定性的，也就是在训练中负荷保持相当的一致。刺激性的循环通常在训练计划的开始阶段使用，而稳定性旬通常在大赛前的最后阶段使用。

可采用的阶段划分种类是众多的。很多训练和比赛的因素影响着中循环次序的选择，而且中循环再划分成更详细的阶段在训练计划中是最具有挑战性和创造性的方面。

俄罗斯游泳界提出了一种适合于竞技游泳的专门要求的中循环安排。他们将一年分为5个大循环，每个大循环8～11周，在每个大循环的最后都有大比赛，每个大循环又由5个1～2周长的中循环组成，这5个中循环的安排和主要任务如下。

＊ 进入中循环：主要针对于水中和陆上的技术、速度和复杂准备的多功能性问题。

＊ 开始中循环：解决专项力量发展问题，在不丢失速度和技术的前提下，增加力量。

＊ 强化性中循环：在不丢失技术、速度或者力量的前提下，最大限度的发展运动能力。

＊ 比赛前中循环：使身体素质的发展适合于比赛结果的要求。

＊ 比赛和休息循环：运动员进入高水平状态，进行比赛，随后进行调整放松。

这种时间短的大循环和中循环的安排试图完善传统的时段划分的方法，使之更适合于国际上竞技游泳的要求。

2.3 小循环及其时段划分

小循环有两种基本的分类：1）以一个计划的阶段中完成训练任务为标准，有训练和比赛小循环；2）以训练负荷为基础，有负荷和恢复小循环。

根据不同种类的中循环或者训练的不同阶段，训练和比赛小循环又可分为其他的种类。图3－3列出了小循环不同的种类。

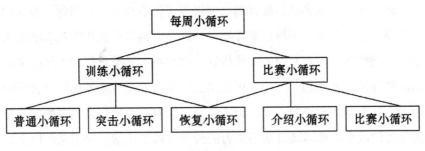

图3－1　每周小循环的种类

普通小循环的训练要求是平均水平，突击小循环的训练要求要搞得多，通常使采用的训练负荷量达到极限。基础中循环里通常要用到这些小循环。比赛小循环包括介绍性小循环、控制性小循环和比赛小循环等，通常在比赛前中循环和比赛中循环中被采用。在介绍性小循环和控制性小循环中，通常模仿比赛的情况进行训练，在比赛小循环中将出现真正的竞争情况。通常还会有恢复性小循环，使运动员从训练和比赛的要求中恢复过来。

这些小循环根据训练和比赛任务的种类不同也分成了不同的种类。但是这种分类并没有表达出训练循环的真正性质。训练的循环特性暗指训练和休息必须以指定的节奏交替进行。当训练成绩逐渐达到顶峰时，训练负荷一定要减少，以便恢复和超量恢复。

在这个标准下，训练的小循环被他们的上量或恢复的特性所定义。中循环就是一些完成了的上量和恢复的小循环组成。通常这些小循环中上量和恢复的比例是1/1、2/1、3/1和4/1，第一个数字代表了上量所占的比例。

第二节 建立训练模式和训练系统

近几年来，众多的训练计划已经提到了训练模式这个问题。模式建立需要通过定量这一手段使训练结构清晰化，通常用流程图和条状图来表示。这些图表包含专门的训练指针，使教练和运动员明白训练的基本组成部分的关系和相互影响。训练模式中最多的指针是外部影响负荷的因素，随着训练重点的不同，训练负荷可以有所改变。最典型的就是负荷强度的改变。而运动员运动能力的改变这样的因素，是不随着以上那些指针的改变而改变的。这样，有关负荷的变化可以使科研人员通过运动员训练情况来评估训练负荷的影响。这是训练管理过程的一部分，科研人员可以以此来评估计不同手段的训练利弊。

1. 多年训练模式

多年训练计划以每年的总负荷来表示基本的数据。在全年训练计划中，它规定了某一种类训练负荷的总的训练量。在游泳训练中，耐力训练经常通过每年多少米或多少千米来表示，力量训练用能举起的重量、举起的次数或者力量训练的时间来表示。

Guzhalovsky 和 Mantevich 提出了一个多年训练的模式（图 3 - 2）。这个模式列出了游泳运动员从 11 岁到 19 岁每年最大训练负荷的改变。它把每年的最大训练负荷分成两个指标，一个以有氧训练为基础，一个以混合和无氧训练为基础。模式中还计划了力量训练的数量的改变（以每年多少小时表示）。

这个模式不仅表明了耐力训练量的逐年增加，也表明了总训练要求的逐渐增加。超过了 19 岁的运动员的训练模式随着专门化训练的进行修改每年最大训练负荷。

短距离游泳运动员的建议负荷：2000～2400 千米

中等距离游泳运动员的建议负荷：2800～3000 千米

长距离游泳运动员的建议负荷: 3000~3500 千米

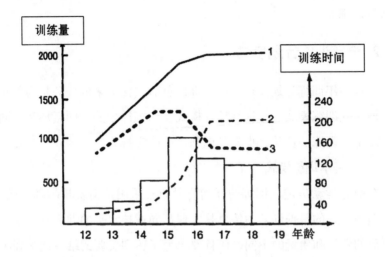

1. 游泳准备期的总训练量; 2. 有氧耐力训练的训练量变化; 3. 混合和无氧训练的训练量变化

图 3-2　一个多年训练计划的模式

在多年力量训练中, Guzhalovsky 和 Mantevich 长期研究了专项力量训练及其与运动员个人成长过程的关系, 证实了女子 12 到 16 岁, 男子 12 到 17 岁这个年龄范围内, 任何完成划水动作的肌肉力量的增长都将伴随着划水力量和游泳速度的增加。以年龄为基础, 每年的力量训练负荷在以下的范围内修改:

12~13 岁　男子: 25~30 小时;　　　女子: 40~50 小时

13~14 岁　男子: 40~50 小时;　　　女子: 70~80 小时

14~15 岁　男子: 70~80 小时;　　　女子: 140~150 小时

15~17 岁　男子: 120~160 小时;　　女子再增加将无任何意义。

女子 14~15 岁, 男子 15~17 岁这两个阶段中, 力量训练量的显著增加表明这两个年龄范围是力量训练的最佳年龄阶段, 在这两个阶段中力量和速度的获得是最好的。过了这两个年龄阶段力量训练负荷将下降, 因为继续增加负荷将导致力量和速度的下降。这项研究考虑到个人

75

力量发展的不同，因此采用了这样一句格言：在需要力量训练的地方进行力量训练。

2. 全年训练计划模式

一旦多年训练计划决定了最大训练负荷，接下来的任务是为每年训练计划建立训练模式。年训练计划模式在训练计划的不同循环和不同阶段中规定了训练的负荷，也就是训练负荷的安排。

2.1 基本训练模式

在引导运动员进入训练的开始阶段通常采用负荷安排的基本模式。基本训练模式的最据创新的特色是发现不同竞技水平的训练不仅要求训练负荷的数量和质量的不同，而且要求为了达到想要的结果这些训练负荷的安排也是不同的。

Matveyev 在 1966 年提出了第一个基本训练模式。他通过传统的训练时段的划分决定了训练量和训练强度的比率，在这个基础上安排一般训练。

基本训练模式中的训练量和强度的比例是大量研究的结果，它决定了训练过程中合适的加强训练的手段以达到想要的上量和恢复的节奏。传统的训练模式在开始阶段主要通过增加训练量增加训练的负荷，与此同时只是轻微的增加训练的强度。在接下来的阶段中训练强度增加了，减少训练量是必要的。

Verkoshansky 以不同水平的运动员的训练要求为基础，提出了不同的基本训练的模式。他把传统的模式和他称为单向性的模式做了比较。这两种模式的主要不同是在训练过程中不同种类的训练负荷的组织不同，一个是分散型，一个是集中型。分散型要求在整个训练时段中负荷的安排保持一致，强调身体素质能力要全面均衡的发展。集中型在训练的某一阶段训练负荷比较集中，强调身体素质的有次序的的连续发展。图 3 - 3 表示了负荷组织的连续变化。

运动员的训练水平决定了到底是使用传统的训练组织还是更单向的

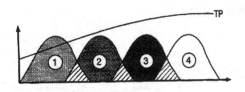
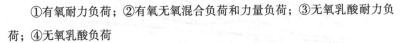

①有氧耐力负荷；②有氧无氧混合负荷和力量负荷；③无氧乳酸耐力负荷；④无氧乳酸负荷

图 3 - 3　训练负荷的有次序的变化

训练组织，要么更分散，要么更集中。传统的时段划分和负荷的安排比较适合中等水平的运动员，而集中型的单向训练更适合优秀运动员。这是因为集中型单向训练在训练过程中提供了必要的身体素质能力的增强，这正是高水平运动员所需要的。

近来更多的基本训练模式在不同种类负荷的安排上是不同的。Verkoshansky 针对耐力性运动项目提出了不同的训练模式。第一个训练模式示范了中等距离耐力运动员的训练负荷的安排（图 3 - 4）。耐力负荷的安排遵循了传统的方法，而力量负荷是按集中型力量训练方法组织。这是因为在训练的开始阶段进行集中的力量训练在其结束后产生一个持续时间长的滞后的训练效果，将会提高速度和速度 - 力量的水平。

图 3 - 4 中展示的模式基于一个两次循环的训练计划。在不间断的逐渐加强的训练进程中，第一个比赛时段是一个可控制的阶段，在其中运动员以其他的距离比赛，来评估有氧能力和无氧能力。这是因为在年循环中的一般负荷的组织计划以下面一个单向的次序为基础来发展专项工作能力：一般耐力 - 速度 - 速度 - 耐力。力量负荷增加的方向与在重要的比赛阶段专项耐力的系统化发展方向是一致的。

耐力训练的方法被分成了有氧无氧混合阶段的专项能力和糖酵解乳酸供能阶段的无氧工作能力。耐力训练的组织要考虑到无氧和有氧训练的改变，在全年训练计划中有氧和无氧的比例应该及时调整。一般在第一个准备阶段主要是增加有氧工作能力，在第二个准备阶段开始主要增

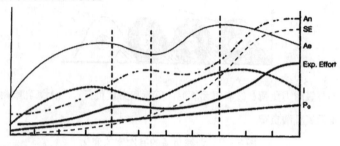

运动员状况的动态变化

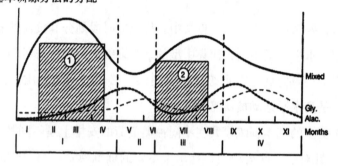

基本训练方法的分配

Po – 绝对力量；I – 爆发力；Exp. Effort – 爆发力的反复作用（速度力量耐力）；SE – 力量耐力；An – 无氧能力；Ae – 有氧能力；Mixed – 无氧或有氧耐力负荷；Gly – 无氧糖酵解耐力负荷；Alac – 无氧乳酸耐力负荷

图 3－4　中等距离训练组成的模式（依 Consilman）

加无氧工作能力。在比赛阶段增强速度和速度耐力的水平。

集中性力量发展的与混合耐力的发展同时进行。第一阶段主要发展爆发力量和适当进行相应的肌肉耐力发展，第二阶段主要强调相应的肌肉耐力发展。

在长距离的项目的准备中，Verkoshansky 提出了一次循环的训练计划。这个循环中低强度的训练占主导地位，有一个长达 6 个月的准备期来稳定专项工作能力，并在 4 到 5 个月的比赛期保持这个工作能力。

2.2　定量的训练模式

基本训练模式被用来发展基本的身体素质能力，而定量的训练模式适用于运动员个体。定量的模式的实用目的是确定了每个月循环中的训练负荷的数量。

定量的训练模式为高水平运动员不同训练手段的安排提供了基础。

当训练模式引起了训练负荷安排的改变，训练负荷安排的进程表把训练计划分成了简单的数字的表格。多年负荷安排进度在职业运动员的每一个训练年限中分为一般准备、专项准备等。（表3-4）

表3-4　多年训练计划中负荷分派的安排（％）

年　龄	一般准备期	专项准备期	比赛前期	比赛期	过渡期
8~10	70~20~10	60~30~10	40~40~20	30~40~30	80~10~10
11~12	60~30~10	40~40~20	20~50~30	10~40~50	70~20~10
13~14	40~50~10	20~60~20	10~40~50	0~30~70	50~40~10
15~16	30~60~10	10~70~20	0~50~50	0~30~70	40~50~10
17~18	20~70~10	0~60~40	0~40~60	0~20~80	30~60~10
19~20+	10~70~20	0~70~30	0~30~70	0~10~90	20~70~10

70~20~10表示的是一般准备、初步专项准备和专项准备各占的比例。

表3-5、3-6展示了在4年循环中两种重要的需要考虑的事项。第一个表格列出了4年中每年总的训练量的增加量不同的3种类型。前两个适合于较低水平的运动员，第3种适合于高水平的保持记录的运动员。第二个表格是4年中不同身体素质训练安排的不同比例。

表3-5　一个4年计划的负荷分配总训练量的增加

	第1年	第2年	第3年	第4年
第1种	0.45	0.35	0.15	0.05
第2种	0.25	0.35	0.20	0.20
第3种	0	0.50	0.20	0.30

表 3 - 6　素质训练的比例

准备的方法	第 1 年	第 2 年	第 3 年	第 4 年
有氧耐力	75	55	60	50
无氧耐力	5	8	10	15
循环速度	10	12	20	15
专项力量	10	25	15	20

2.3　周循环的模式建立和部分系统化

一旦每月的训练负荷被安排好了，每周的训练负荷安排循环也应该安排了。流行的每周循环模式要考虑很多因素。第一要考虑的的是周循环的建立要适应于运动员的多年的准备，括每周训练的天数、个人训练部分和每周训练的小时数等。第二要考虑的是每周训练负荷的变化。第三要考虑的是每周一系列训练的任务。这些不仅仅是受负荷安排的影响，还受训练的系统的影响。

对成年游泳运动员来说，最大负荷训练的数量和质量增加了。显然的投入到训练中的时间也将相应增加。表 3 - 7 列出了不同训练水平的运动员建议的每周训练天数和每周的时间段。

表 3 - 7　每周训练的天数和时间

训练水平	每周训练天数	每周训练时间段
初学者	3 ~ 4	3 ~ 4
中等水平	5 ~ 6	5 ~ 9
优　秀	5 ~ 6	10 ~ 12

第三节 训练手段的合理安排

一个合理的训练安排，准确的计划实施，是优秀游泳运动员实现最佳竞技状态的基本保障。灵活应用不同训练手段，科学结合运动训练的量，是体育科研人员所渴望的技术配合和监测的基础。尊重优秀的训练计划，但不失去运动员的个性化特征是一个合理有效训练实施的灵魂。

1. 合理手段对人体不同能力的刺激

表3-8是根据人体的生理反应，所分析的较为常见的训练手段。只有准确认识到各种手段的意义，才可以实现真正意义上的精准训练。

表3-8 不同训练以及对机体的影响

	长距离	间歇训练	重复训练	冲刺训练
训练方法	70～80%最大强度,中速,训练距离大于比赛距离。	一组中等强度(80～90%)训练。像20个100米游,每次之间休息5~45秒。	一组近乎于最大强度(95～100%)的训练,例如6次100米游,每次休息相对较长的时间:1~5分钟。	一组全力游,例如8次25米全速游,每次之间休息1~2分钟。
举例	1500米比赛选手的5000米持续游训练,短距离游选手的500米训练。	30个50米训练,每两次之间休息10秒(在训练中,大多数运动员有固定的时间分配) 10个200米训练,每三分钟一次;或者5个400米训练,每5分钟一次。	8~20个50米冲刺游,每2分钟一次。4个200米游,每6～8分钟一次。 这些通常被称作目标设置,用于每星期检验进步情况、评价状态。	10～20个25米全速游,每次休息1分钟。 20个20米全速游,每1分钟一次。

	长距离	间歇训练	重复训练	冲刺训练
对应心率	140～170 次/分，根据强度的大小保持稳定。	可达 170～180 次/分；休息时，根据长短不同，可下降到 160～130 次/分。	每次训练之后心率最终可达 180～190 次/分，休息后到下次训练前将降低到 110～100 次/分。	每次之后心率可达 170～180 次/分，根据休息时间的长短不同，下次训练之前可将到 110～100 次/分甚至更低。
对运动成绩的影响	提高耐力和保持原有的速度，几乎对爆发力没有影响。	提高以最大速度中等距离游的能力，对爆发力影响不大。	提高原有的速度，一定程度上提高爆发力。	提高爆发力，像 50 米。
能量供应形式	有氧99% 无氧1%	有氧 50～80% 无氧 20～50%（根据强度不同比例不同），强度越大无氧比例越高。	无氧 50～80% 有氧 20～50%（根据强度不同）。	磷酸盐供能和无氧供能，看训练强度和休息时间长短。
适应	心血管系统能力提高。	对中等高浓度乳酸的耐受力提高，非过大负荷下心血管系统的能力提高。	机体对高浓度乳酸的耐受力提高。	速度提高、肌力增加，耐酸力增强，还有可能使肌纤维中的肌球蛋白增加。

在少于 2 分钟的持续训练中（大约可游 200 米），机体可保持高强度的运动而没有乳酸增加。这之后，机体长时间保持中等或高强度运动的能力，反映出机体无氧阈提高的状态水平。对于未受过专业训练的个体来说，无氧阈发生在本人最大运动强度的 65～70% 时，这就意味着，这些人要是以大于 70% 的强度长时间运动是比较困难的。而高水平运动员，其无氧阈一般出现在本人最大运动强度的 90% 甚至更高，因此，他们可以以高强度运动很长时间，有时可达几个小时。在 1500 米训练中，主要是有氧系统供能，因此，从事这种项目的运动员的训练应侧重

于机体运输氧和利用氧的能力的提高，而这方面最好是长距离训练方法，有持续性的和间歇性的两种。

2. 训练的手段模式

美国运动生理学家福克斯认为：训练计划应选择发展运动专项中主要的供能系统。根据运动项目供能特点，安排训练计划是近代科学训练中受到推崇的流行观点。同时大多数运动生理和运动生化专家认为，训练负荷仅以有氧代谢和无氧代谢来划分是不全面的。

根据游泳竞赛项目及主要供能系统和不同肌纤维的代谢特点，以及运动员之间最高心率的差异等，训练负荷的划分已越来越精细和准确，它表明当今的训练有更明确的训练目的而不是追求片面数量与强度，在训练方法上则要求更加有针对性的个体化。

表3-9　美国马格利斯特的四级新的分类假设训练模式

练习分类	心率（次/分）	血乳酸（mmol/l）	游泳用力程度		训练效果
			距离	%	
无氧训练	150	4.0	50～100码反复游	65～70	对有氧耐力稍有改进
			200～400码反复游	75～80	
			长距离游	85～95	
最大摄氧量训练	170	8.0	50～100码反复游	70～80	对有氧耐力有相当大的改进
			200～400码反复游	80～90	
			长距离游	90～95	
掌握比赛速度和忍受乳酸能力训练速率训练	185	12～20	50～100码反复游	80～90	对无氧耐力有相当大的改进
			200～400码反复游	90～98	
			更长距离游	95	
			全力短冲		提高无氧非乳酸能力

美国游泳模式，经过多年实践证明有效，并为国际上众多教练普遍采用，这模式即马格利斯特的四级训练模式。其内容主要是针对训练的效果提出的，在实际分类的每一种中又都有几种训练内容与强度控制方法。

美国游泳协会游泳能量分类心率与血乳酸对应关系（表3-10），与上世纪90年代美国推崇的能量训练分类法比较，在分类强度的级数上是一致的，但后者的特点是，在对训练强度要求的指标上更细化、更具体，有利于教练员在制定计划和运动员完成训练计划时，对每一种训练方法，手段的应用目的更精确。

表3-10　美国游泳协会游泳能量分类心率与血乳酸对应关系

代谢系统	训练方法	代号	心率 （次/分）	血乳酸 （mmol/l）	速度 百分比	练习/休息 比率
有氧	任意游	REC	120以下	0~2	80%无氧阈速度	任意
	低强度	EN1	120~150	1~3	95%无氧阈速度	10~20秒间歇
	有氧无氧阈	EN2	140~150	2~5	104~107%无氧阈强度	10~40秒间歇
	最大摄氧量	EN3	160~180	4~8		20秒间歇至1:1
无氧	耐乳酸	SR1	极限	6~10	极限	1:1~1:2
	乳酸峰直	SP2	极限	10~18	极限	1:2~1:8
非乳酸 无氧	速度/爆发力	SP3		2~3	极限	1:2~1:8

（引自蒋金日　美国游泳能量训练分类及应用）

俄罗斯的能量分类法，是将游泳练习强度分为5级（表3-11）。在这一训练强度分类指导思想下，他们培养出了波波夫、潘克托、萨多维等泳坛名将。俄罗斯的5级分类法特点是虽然各级跨度较大，却代表了几种典型训练强度，即有氧系统、发展有氧最佳强度、有氧无氧混合、无氧糖酵解、ATP、CP系统的训练，并有较明确的训练目的。

表 3-11 俄罗斯的 5 级强度分类方法

强度分级	血乳酸 (mmol/L)	心率 (次/分)	练习距离 (米)	主要方法	主要目的	
					生理上目的	教育学上的目的
一级强度 小强度代偿游	1~2	120~130	50~5000	匀速长游	积极恢复	积极休息
二级强度 中等强度 无氧阈	3	130~150	50~3000	匀速长游，间歇训练	提高有氧能力和机能	培育基础耐力
三级强度 大强度	4~7	160~180	50~1500	匀速长游	节省化水平	提高技术的实效性
有氧无氧混合训练（达到或接近最大摄氧量水平）	8以上	180以上	50~400	间歇训练；变速长游	提高有氧耐力	提高专项能力
四级强度 极限下强度的无氧糖酵解训练	不考虑	不考虑	15~25	重复、间歇训练；变速长游	提高糖酵解能力	提高速度能力
五级强度 极限强度的短距离训练（冲刺训练）				比赛速度训练；重复训练；变速长游；测验比赛训练	提高臂、腿动作力量	

（引自俄罗斯游泳年龄组游泳运动员教学训练大纲与计划）

我国学者针对不同年龄组的游泳运动员训练的能量供给，提出 4 大类，5 部分的分型观点（表 3 – 12）。

表 3 – 12　青少年游泳运动员的不同能力发展的分析

能力训练		心率 （次/分）	血乳酸 （mmol/l）	主要训练项目	强度指标	主要目的
磷酸肌酸供能训练					100%	提高速度能力，提高臂、腿动作力量
糖酵解乳酸耐受训练		180～200	＞15		80%	提高机体及组织对高乳酸承受能力和对乳酸的快速降解能力
提高最大摄氧量能力训练		175～180	8～10		70～80%	提高摄氧量和氧输能力及排除乳酸和耐乳酸能力
有氧训练	中	150～170	6		50～60%	培育基础耐力，强调技术的实效性，提高专项能力
	低	150 以下	＜4		＜50%	积极休息和恢复

（陆一帆　张亚东）

参考文献

1. ［英］A．W．S．沃森著．身体素质与运动成绩．人民体育出版社

2. 杨锡让主编．实用运动生理学．北京体育大学出版，1998

3. 游泳运动．体育院校通用教材．全国体育院校教材委员会审定，2001 年第一版

4. 运动训练学．体育院校通用教材．全国体育院校教材委员会审定，2000 年第二版

5. Bill Foran．HIHG – PERFORMANCE SPORTS CONDITIONING．Human Kinetics，2001

第四章　游泳运动员的营养补充

游泳是一项在特殊环境下进行的体育运动，它包括不同泳姿（蛙泳、仰泳、蝶泳和自由泳）和各种距离（50～1500 米）的比赛项目。游泳运动员根据其专项特征，可进行各种类型的训练，包括长距离的耐力训练、间歇性训练、冲刺游泳训练和划水动作练习等。一次游泳训练课的时间持续 3 小时左右，游泳距离可达 10000 米甚至更多。游泳运动员在训练和比赛中，需要克服水的阻力，同时受水温的影响，激烈的泳坛竞争，高强度、大运动量的训练，使游泳运动员的体力消耗大于一般体育运动项目（游泳运动的热能消耗率见表 4－1）。此外，运动员也经常参加陆地训练，如力量训练、补充性耐力训练或者自行车训练。因此，训练时的营养需要有其特殊性。

表 4－1　游泳运动的热能消耗率

游速（米/分）	热能消耗率（卡/千克体重/分）
20	0.0708
50	0.1700
60	0.3500
70	0.4300

（引自《Swimming Faster》）

第一节　游泳运动员营养的基本要求

游泳运动员的营养需求有着突出的特点，其目的是一要保证运动员能获得符合生理需要的饮食营养，二要及时防治营养缺乏或过度以提高运动能力。

1. 能量需求

国外一些研究报告表明，每天进行4小时的游泳运动训练，男运动员所需要的能量大约为16.8~22.6MJ/d（4000~5400Kcal/d）；女运动员则需要能量为14.2~16.8MJ/d（3400~4000Kcal/d）。运动员能量消耗因运动训练的强度、持续的时间、运动员的体重和机械效率的不同而有很大的差异。有报道国外男、女优秀运动员的能量摄入分别是18.2MJ/d（4350Kcal/d）和9.6MJ/d（2300Kcal/d），如以单位体重表示则分别是0.22MJ/kg（50Kcal/kg）和0.15MJ/kg（36Kcal/kg）。这些运动员能量的来源，男子49%来自于糖类，34%的能量来自于脂肪，而女运动员53%的能量来自于糖类，30%的能量来源于脂肪。我国推荐的游泳运动员适宜的能量摄入平均为17.6MJ/d（4200Kcal/d）（短距离）和≥19.7MJ/d（4700Kcal/d）（长距离）。游泳运动员由于低温环境对食欲刺激，其身体成分比相同年龄和能力的耐力性径赛运动员高4~6%。但游泳运动消耗能量高，部分运动员膳食摄入能量仍不能满足消耗，长期能量不足加上膳食摄入的碳水化合物比例低，可引起慢性肌肉疲劳，而且有研究指出，当快收缩肌纤维中糖原耗尽时，人体控制及纠正运动的能力受到损害，运动外伤的发生增加，应注意监测和预防。

2. 能源物质比例适当

运动员的食物在数量上应满足运动训练或比赛的消耗，使运动员能保持适宜的体重和体脂，在质量上应保证全面的营养需要和适宜的配比。合适的比例有利于体内代谢过程和良好的运动能力。能源物质中蛋白质、脂肪和碳水化合物应适应于不同项目运动训练的需要。一般情况下蛋白质占总热能的12%~15%、脂肪30%左右（以不大于35%总热能为宜）、碳水化合物55%~70%。

3. 充足的维生素、无机盐和微量元素

这些物质均不产生能量，但它们是物质代谢的调节剂。游泳运动员对维生素需要量较多，一方面由于训练时体内代谢加强，使维生素消耗增加；另一方面充足的维生素储备可改善机体工作能力，提高运动成绩。游泳运动员需要补充的维生素主要有 VitA、VitB 和 VitC 等。

无机盐如钠、钾、镁、钙等，对于维持机体内环境（渗透压、酸碱平衡等）的稳态，对于神经肌肉的兴奋性和增加体内碱储备具有重要意义。

微量元素，特别是铁、锌、铜等对人体代谢过程有重大影响。例如铁是血红素的组成部分，锌与能量代谢有关，铜与抗氧化蛋白及酶的活力有关。这些物质的缺乏会导致运动能力的下降。

4. 食物应是营养平衡和多样的

膳食应具有肉、鱼、禽、蛋、豆等高蛋白质，奶及奶制品，蔬菜和水果，谷类食物（包括米、面和适量的粗杂粮），以及脂肪和糖等纯热量食物。以满足机体的对不同物质的需要。

5. 食物的体积小，易消化吸收、酸碱平衡

由于紧张的训练和比赛，运动员交感神经常处于兴奋状态，或在大运动量疲劳状况下，消化功能较弱。因此。运动员的食物要求浓缩、体积重量小，一日食物总重量不超过 2.5kg，以免使消化器官负担过大。

运动员在训练和比赛中耗氧过多，肌肉乳酸堆积较多，因此应注意食物酸碱平衡的问题。

6. 合理的膳食制度

运动员的进食时间应考虑消化机能和运动员的习惯。大运动量训练或比赛前的一餐应至少在 2.5 小时前完成。正常情况下胃的排空时间为

3~4 小时，精神紧张可使胃的排空延缓到 5~6 小时。提前进餐的目的在于使剧烈运动时上消化道的食物基本排空，剧烈运动前不宜吃的过饱，对于一些接触性的运动项目，如运动中的冲撞、摔跤等尤应注意。运动后人体的血液相对集中于肌肉及皮肤等运动器官，为使心肺机能恢复至相对平静及消化道有一定的准备，运动后的进食应安排在运动结束的 20 分钟后，剧烈运动后切忌暴饮暴食。

一日三餐食物热量的分配应根据训练或比赛任务安排上午训练时，早餐应有较高的发热量，并有丰富的蛋白质和维生素等。下午训练时，午餐应适当加强，但要避免胃肠遭负担过重。晚餐的热量不宜高，以免影响睡眠。一般情况下，早、午、晚三餐的热能大致为 30%、40% 及 30% 左右。在大运动量训练时，热能消耗量增加为 20922~25106kJ（5000~6000kcal）或更多时，可考虑加餐的措施；因训练时间长，饮食受时间限制，可采用增加点心或快餐的办法，但应注意增添食物的全面营养和营养密度问题。

游泳运动员除主意饮食时间外，还应注意饮食有节，不暴饮暴食，不饮用含酒精类饮料，不吸烟，不吃刺激性大的食物。总之，合理的膳食制度有利于食物的消化和吸收，保持良好的生理机能状态。这不仅有利于身体健康，而且对提高运动能力有良好作用。

第二节 游泳运动员的营养需要

1. 碳水化合物（糖）

糖又称为碳水化合物，是运动员最重要的热源物质。糖因其化学结构的不同可以分为单糖、寡糖、多糖等，其中单糖包括葡萄糖、果糖、核糖等，寡糖包括蔗糖、乳糖、麦芽糖等。而相对常见的淀粉、糖原、纤维素等都属于多糖。糖被消化成单糖后在小肠被吸收，进入血循环成为血糖，血糖再进入肝脏、肌肉或其他组织后，可转变为糖原或其他非糖物质，例如可转变为甘油及脂肪酸，或合成真脂在体内储存，也可转变为氨基酸及其他的单糖（如核糖、脱氧核糖及半乳糖等），这些物质都是体内许多重要物质的必需原料。

1.1 碳水化合物在游泳运动中的作用

＊糖为游泳运动能量的主要来源。凡短时间大强度的运动如短距离游泳的能量绝大部分由糖供给；而长时间运动如男子1500米等长距离游泳时，也首先利用糖氧化供给能量，可利用的糖耗竭时，才动用脂肪或蛋白质。

＊预防和延缓中枢性疲劳。补糖使血浆FFA（自由脂肪酸）浓度降低，并使FFA与色胺酸竞争白蛋白结合位点的作用减弱，从而使自由色氨酸（f – Trp）浓度降低，f – Trp/支链氨基酸（BCAA）随之降低，中枢性疲劳延迟。

＊提高免疫机能。近期研究提出，补糖可使血糖浓度保持稳定，有利于减少应急激素，稳定免疫功能。

＊糖可调节脂肪酸代谢。因为糖可减少脂肪酸的分解，也即有抵抗酮体生成的作用。糖还可节约蛋白质。机体糖充足时，糖首先被动用，因此对蛋白质有保护作用。

1.2 碳水化合物作为供能物质的特点

与脂肪、蛋白质相比，在碳水化合物作为供能物质的特点有：①产热效率比脂肪高，在消耗等量氧的条件下，糖的产能效率比脂肪高4.5%，这一优点在氧不足的情况下更为重要，在比赛时有时可成为决定胜负的因素。②有氧代谢终产物是二氧化碳和水，二氧化碳可由呼吸道呼出，水可经汗和尿排出体外，对内环境的影响较小，而脂肪氧化产生的酮体、蛋白质氧化生成的氨对身体会产生不利影响。③容易获得、廉价，易于消化吸收。因此，被强调为运动员的主要食物。运动员摄取平衡的混合膳食，碳水化合物所提供的能量应占总热能的55%～60%，长距离游泳项目的运动员碳水化合物所占的热能比应为60%～70%。

1.3 补糖的方法

✽ 运动前补糖

运动前补糖对提高运动时抗疲劳能力，维持血糖稳定有明显的效果。运动前补糖可在大运动量前数日内增加膳食中碳水化合物至总能量的 60%~70%（或 10g/kg）；也可采用改良的糖原负荷法（即在赛前一周内逐渐减少运动量、直至赛前一天休息；同时逐渐增加膳食中的含糖量至总热量的 70%）；或在赛前 1~4 小时补糖 1~5g/kg（赛前 1 小时补糖时宜采用液态糖），可显著地增加肌糖原、肝糖原的含量。

关于避免在赛前 30~90 分钟补糖预防血中胰岛素升高的提法，现有不同的观点。因为运动开始后，肾上腺素和去甲肾上腺素的释放，会抑制胰岛素的分泌，因此血糖仍然升高。即使引起一过性血浆胰岛素浓度上升，但引起的代谢反应是暂时的，并无生理显著性，早晨适量高糖快餐或饮料，可以在 30~90 分钟内消化和吸收，这对上午参加比赛的运动员是比较适宜的选择。

✽ 运动中补糖

许多研究已经证明，在运动过程中，每隔一定的时间摄入糖可以有效地提高机体的运动能力。运动中补糖的益处在于整个运动过程中维持机体血糖的含量，和/或节省肝糖原从而在内源性糖的供应逐渐限制肌肉的运动能力时，导致糖的可利用性增加。

运动中补糖必要性有很大的个体差异。少数运动员在长时间运动后会出现血糖下降现象，甚至发生低血糖。对于有血糖下降倾向的运动员，应采取运动前和运动中补糖的措施，也主张全队在运动中都补糖的办法。

运动中补糖每隔 30~60 分钟补充含糖饮料或容易吸收的含糖食物，补糖量一般不大于 60g/h 或 1g/min，多数采取饮用含糖饮料的方法，少量多次饮用；也可以在运动中使用易消化的含糖食物（如面包、蛋糕）等。运动中补糖必要性的个体差异很大。少数运动员在长时间运动后会出现血糖下降现象，甚至降至正常值以下的低血糖水平，对于有血糖下降倾向的运动员，应采取运动前和运动中补糖的措施，也有主张全队在运动中都补糖的办法。

✲ 运动后补糖

已经有研究表明，运动训练停止后的 1～2 小时内摄入糖可以加速肌糖原的合成。有证据表明，在运动后即刻，血中含有较高的糖可能是供肌糖原合成较为理想的糖源。因为，血糖浓度的升高，刺激机体胰岛素的分泌，而胰岛素是促进肌糖原合成的强有力的激活物。由于竞技游泳运动员在一次训练课中，可能经历了肌糖原含量的大幅度减少。因此，在运动训练结束后补糖可能有助于防止许多游泳运动员在游泳训练过程中发生的慢性糖原耗竭，特别是那些每天训练 2 次的运动员。

运动后开始补糖时间越早越好。理想的是在运动后即刻、头 2 小时以及每隔 1～2 小时连续补糖，运动后 6 小时以内，肌肉中糖原合成酶含量高，可使存入肌肉的糖达到最大量，补糖效果佳。运动后补糖量为 0.75～1.0g/kg，24 小时内补糖总量达到 9～16g/kg。可采用高糖血指数糖进行补充（因胰岛素是糖原合成酶有效的激活物质），而且膳食中应有适量的蛋白质，因为蛋白质可以增强胰岛素对糖的反应，从而促进肌糖原以更快的速度贮存。补糖的强力作用机制仍不很清楚，可能与肌肉内的高利用度有关。

1.4　慢性肌糖原耗竭与过度训练

游泳运动员进行频繁的、大运动量、高强度的训练经常导致慢性肌肉疲劳，如果不及时解决，就会发展成过度训练状态。慢性肌肉疲劳与两个训练课中间肌糖原不能充分恢复有关。其原因可能是由于激烈的运动训练和不充足的膳食糖的补充造成的。由于竞技游泳运动员的训练期可持续 25 周，在运动员停止训练以前，已承受了 6 个月慢性肌糖原的耗竭。在大多数游泳训练期结束时，游泳运动员逐渐减少运动训练的量和强度，为参加训练期后的竞赛做准备。这种"锐减期"还未深入研究，但有少数研究表明，赛前"锐减期"运动量减少、肌糖原贮存增加可能是运动能力提高和肌肉力量改善的部分原因。

2. 脂 肪

通常说的膳食脂肪主要由三种脂类组成：甘油三酯、胆固醇和磷脂（如卵磷脂、脑磷脂和神经磷脂等）。

食物中的脂肪又称真脂，包括固体的动物脂肪和液体的植物油。无论是动物脂肪还是植物油，其主要构成均为甘油三酯，由一分子的甘油和三分子脂肪酸组成。根据不同长度的碳链和不同的饱和度，脂肪酸又分为饱和脂肪酸和不饱和脂肪酸。常见的不饱和脂肪酸有亚油酸、油酸、软油酸、花生四烯酸等。胆固醇是固醇类的一种，是存在于动物组织的一种类脂物质。它不是机体所必需的营养素，因为在肝脏内可以合成。

2.1 脂肪在游泳运动中的作用

＊ 储存和提供能量

脂肪是体内最佳的储能形式和最大的储能库，作为能源物质，与碳水化合物相比，脂肪具有重量轻，能量密度高，发热量大的特点。1g脂肪在体内氧化可产生 37.5KJ（9kcal）能量，1g 葡萄糖可产生 16.9kJ（4kcal）能量，因此同等能量的脂肪在体内储存的体积小于葡萄糖。但产生等量 ATP 脂肪的耗氧量比糖高 10%，说明脂肪更适合于低强度运动时的供能。在长时间耐力运动，如长距离游泳运动中，脂肪氧化供能起着节省糖和蛋白质的作用，有助于延长运动时间和提高工作能力。

＊ 供给机体必需的不饱和脂肪酸

必需脂肪酸是机体生命活动所必需的，在机体内不能合成，必须从食物中摄取的脂肪酸。亚油酸、亚麻酸、花生四烯酸等必需不饱和脂肪酸是细胞膜、酶、线粒体及脂蛋白的重要组成成分。对生殖、生乳及性成熟有一定的促进作用。必需脂肪酸缺乏可引起皮肤通透性增加、皮脂分泌减少、上皮增生等一系列代谢改变。但机体摄入过多的必需脂肪酸也可能产生一些副作用，如削弱体内抗氧化剂的容量，产生大量过氧化物，激发自由基形成，对机体造成损伤。

✳ 促进机体对脂溶性维生素 A、D、E、K 的吸收和利用。

✳ 隔热和防震作用

游泳运动员由于低温环境对食欲刺激，其脂肪含量比相同年龄和能力的耐力性径赛运动员高 4~6%。这对于游泳运动员来说，防止体温过分散失，对运动能力的维持均有积极意义。人体内脏周围都有脂肪层包裹，可起到防震作用，在一定程度上避免激烈运动对内脏器官的损伤。

✳ 固醇类是构成胆固醇、维生素 D、性激素和肾上腺皮质激素的原料，胆固醇是不饱和脂肪酸的运输工具，其代谢失常与动脉粥样硬化有密切关系。

✳ 卵磷脂是构成原生质的重要成分，因其分子中含有胆碱，有防止脂肪肝形成的作用，并能提高对缺氧的耐受力。脑磷脂与血液凝固有关，凝血活酶由脑磷脂和蛋白质组成。神经磷脂在神经系统的组成上占有重要地位。

2.2 运动员的脂肪补充

运动员膳食中适宜的脂肪量应为总能量的 25%~30%。脂肪氧化时氧的利用率较低，不能满足高强度运动的需要，所以膳食脂肪过高将不利于运动，易造成疲劳，还会引起高脂血症，因此应当适当限制在运动员膳食中过多使用脂肪。然而，如果脂肪不足，食物的质量和色香味受影响，造成运动员的食物摄取量减少，而且运动员的膳食要求量少质精，发热量高，所以又不可过多减少脂肪的供给量。游泳运动项目的运动员，因机体散热量大，食物中脂肪量可以比其他项目高些，但也不宜超过总热量的 35%。

运动员的脂肪补充应主要通过膳食途径来补充。膳食脂肪的主要来源有两类：动物性食物和植物性食物。动物性食物包括动物油，如猪油、牛油、羊油、鸡油、鱼油、蚝油等，奶油，骨髓以及肉类和蛋黄中的脂肪；植物性食物包括植物油，如豆油、花生油、芝麻油、菜籽油、棉籽油、橄榄油等，以及各种果仁和种子，如花生、核桃、榛子、松子、杏仁、葵花子、西瓜子、芝麻和大豆等含脂肪丰富的食物。此外，各种常见食物中都含有不同量的脂肪和类脂。膳食脂肪中脂肪酸有三类：①含饱和脂肪酸高的油脂有黄油、棕榈油、椰子油、牛油、羊油、猪油、鸡油、可可油等；②单不饱和脂肪酸主要是油酸，含油酸高的油脂有橄榄油、花生油、低芥酸菜子油、米糠油和葵花子油等；③多不饱和脂肪酸。膳食中主要的多不饱和脂肪酸为亚油酸，存在于植物油中；另一类多不饱和脂肪酸为亚麻酸，主要存在于深海鱼油中。

补充卵磷脂主要的目的是给机体提供胆碱。卵磷脂中13%是胆碱（重量百分比）。卵磷脂可增强脂肪代谢能力，预防和改善心血管疾病、肝脏疾病，有助于提高机体的免疫力，防止自由基对生物膜的损伤，延缓疲劳促进恢复。鸡蛋、动物内脏等食物是卵磷脂的很好来源。

3 蛋白质

蛋白质由氨基酸构成，是生命存在的主要形式，也是构成人体的重要生命活性物质，如酶、激素和免疫物质等。人体内蛋白质约为体重的16%。氨基酸中已知有9种为必需和3三种半必需氨基酸。必需氨基酸在人体内不能合成或其合成速度不能满足代谢需要，必须由膳食供给，包括赖氨酸、苯丙氨酸、亮氨酸、异亮氨酸、苏氨酸、蛋氨酸、缬氨酸、色氨酸、组氨酸。精氨酸和半胱氨酸属半必需氨基酸，在某些情况下（如代谢障碍）内源性合成不足时，需要膳食提供，半必需氨基酸存在时可减少必需氨基酸的需要量，如半胱氨酸存在时可减少蛋氨酸的需要量。必需氨基酸的数量和比例必需适宜才能合成身体的蛋白质，缺乏任何一种必需氨基酸时，机体的氮平衡即不能维持，并出现食欲不振和疲劳等症状，且使其他的氨基酸不能被利用。非必需氨基酸虽可在体内合成，但因合成的速度较慢，缺乏时只能维持75%的生长。人在幼年时、合成氨基酸能力有限的情况下，一些氨基酸如：半胱氨酸、精氨酸等相对地比成年人重要，称为相对必需氨基酸，因此在蛋白质的营养中，必须同时兼顾氨基酸的质与量。

3.1 蛋白质的功能

✱ 构成和修补机体组织

蛋白质是细胞的主要组成成分，占细胞内固体成分的 80% 以上。肌肉、血液、腱、骨、软骨等都由蛋白质组成。体内代谢与破损的组织，也必须由蛋白质修复。因此，蛋白质维持组织的生长、更新和修复。

✱ 调节人体生理功能

蛋白质是构成酶和激素的物质；血浆蛋白质维持机体的渗透压；蛋白质是体内缓冲体系的组成成分，维持酸碱平衡；蛋白质中某些氨基酸是合成乙酰胆碱的物质，因此和神经组织的兴奋与传导有关。

✱ 增强机体抵抗力

免疫球蛋白形成抗体与机体抵抗力有关。实验证明蛋白质营养不良时，机体的免疫机能减退，白细胞减少，白细胞及网织内皮细胞的吞噬能力下降。

✱ 影响高级神经活动

研究证明蛋白质能提高中枢神经系统的兴奋性。个别氨基酸如蛋氨酸及赖氨酸都有助于条件反射的建立。

3.2 游泳运动与蛋白质

在蛋白质、脂肪和碳水化合物三大营养素中，蛋白质在运动中供能的比例相对较小。近期研究报道氨基酸氧化可提供运动中 5% ~ 15% 的能量。在体内肌糖原储备充足时，蛋白质供能仅占总能量需要的 5% 左右；大部分运动情况下，蛋白质供给 6% ~ 7% 的能量。在体内肌糖原储备耗竭时氨基酸供能可上升至 10% ~ 15%，这取决于运动的类型、强度和持续时间。氨基酸主要通过丙氨酸－葡萄糖循环的代谢过程提供运动中的能量。

美国对蛋白质的每日膳食推荐量（RDA）：成人为 0.8 克/公斤。但有研究指出，大约摄入 1.5 克/公斤体重的蛋白质更适合于保证耐力性运动训练。在力量训练中，蛋白质的摄取量应该上升到 2 ~ 3 克/公斤体重才能满足肌肉生长的需要。由于竞技游泳运动员的运动训练包括耐力训练和力量训练。因此，他们对蛋白质的需要可以在 1.5～2 克/公斤体重/天的范围内。在荷兰，典型的年轻成年女游泳运动员，每日消耗大约 50～60 克的蛋白质，即大约需要摄入 0.9～1.2 克/公斤体重/天的蛋白质。而男游泳运动员蛋白质摄取量大约在 80～120 克/天之间，或摄入蛋白质大约在 1.1～1.3 克/公斤体重/天之间。

国内根据估测氮平衡的实验结果，提出了运动员的蛋白质供给量应为总能量的 12%～15%，约为 1.2～2.0g/kg 体重。

游泳运动员的蛋白质需要量与下列因素有关：

＊ 游泳运动员在开始进行剧烈运动训练的初期，由于细胞破坏的增加、肌蛋白和红细胞再生等合成代谢亢进以及应激时激素和神经调节等反应，常发生负氮平衡甚至运动性贫血，而经过一段时间适应后氮平衡改善，因此在大运动量训练的初期应适当加强蛋白质营养，据报道蛋白质摄入量达 2g/kg 以上，即可防止运动性贫血的发生。

＊ 长时间长距离游泳运动训练使蛋白质代谢加强，会增加蛋白质需要量，力量训练因使肌肉组织增加也需要略微增加蛋白质的摄入量。运动强度大，训练次数多则因为蛋白质代谢加强也可使需要量增加。

＊ 游泳运动员在运动中，当肌糖原耗竭时，蛋白质的分解代谢也加速。所以，竞技游泳运动员的训练经常导致机体蛋白质分解代谢的增加，从而需要机体从膳食中摄取额外的蛋白质来补偿蛋白质的消耗。此外，相对较低的能量摄入也可导致蛋白质分解代谢的增加。膳食中糖量充足不仅使肝脏和肌肉糖原维持于较高的水平，并会提供蛋白质节约效应。

＊ 生长发育期的儿童青少年游泳运动员参加运动训练时应增加一部分蛋白质营养（约 10%～15%），以满足生长发育需要，根据氮平衡实验的结果，提示每千克体重的蛋白质需要量为 2～3g/kg。

3.3 蛋白质的补充

运动员的蛋白质营养不仅应满足数量的要求，在质量上至少应有

1/3 以上必需氨基酸齐全的优质蛋白质。蛋白质营养不足会延缓剧烈运动后的恢复。解决运动员的蛋白质营养也可利用大豆类和谷类食物的互补作用，采用谷类主食和豆类食物混合食用，以提高蛋白质的生物价值。

蛋白质的食物来源分为动物性和植物性两大类。动物性蛋白质由于动物在进化和分类上与人更接近，其氨基酸比例的可用性更高。植物性蛋白质则相对较差。粮谷类食物存在着氨基酸比例不平衡和某些氨基酸含量过低而限制了此种蛋白质的营养价值。如谷类的第一限制氨基酸为赖氨酸，第二限制氨基酸是苏氨酸和色氨酸，豆类的限制氨基酸是蛋氨酸和胱氨酸。为了提高食物蛋白质的机体利用程度—生物价，可将动物和植物食物以及谷类和豆类食品蛋白质混合食用，而使氨基酸的比例平衡，通过一定比例的互补可使植物性蛋白的生物价接近动物性蛋白。互补的两种食物，虽好同时食入，使必需氨基酸同时人血，以利组织利用。

常用食品的蛋白质含量（g/kg）见表 4-2。

表 4-2　常用食品的蛋白质含量（g/kg）

食物名称	蛋白质含量	食物名称	蛋白质含量
猪肉	13.8~18.5	大豆	39.2
牛肉	15.8~21.7	花生	25.8
羊肉	14.3~18.7	大米	6.8
鸡	21.5	玉米	3.8
鲤鱼	18.1	面粉	9.4
鸡蛋	13.4	核桃仁	19.6
牛奶	3.3	马铃薯	1.8

部分运动员错误地认为增加蛋白质营养会促进肌肉组织的增长，但事实已证明必须在进行渐进性的力量训练前提下，并有适宜的蛋白质营

养支持才能使肌肉增长。而且过量补充氨基酸或蛋白质会引起一系列的副作用，如泌尿系统结石和便秘等。由于全部氨基酸进入一个代谢池，氨基酸池中的成分取决于进入的氨基酸及氨基酸利用的情况，当氨基酸超出即时的需要（指蛋白质的合成及分解），即用作为能量或储存为脂肪。运动员摄人单个氨基酸的成分，会改变氨基酸池的平衡。因此运动员在食用平衡膳食条件下，不必要补充氨基酸，尤其要注意不过量补充氨基酸或蛋白质。

4. 水

人体内水是构成体液的主要成分，约占体重的 60 ~ 80%，是维持人体正常生理活动的重要营养物质之一。机体内的一切化学变化都必须有水的参与。机体内大部分水以结合水的形式存在，小部分以自由水形式存在。结合水与蛋白质、粘多糖、磷脂等大分子相结合，均匀分布在体液中，发挥其复杂的生理功能。总的来说，水具有构成人体、调节体温、参与物质代谢和化学反应以及润滑作用等生理功能。

运动时汗液的丢失是运动员脱水的主要原因，而出汗则是运动时机体散热的重要途径。运动员在冷而干的环境下轻微运动，每小时排汗 250ml，而在炎热湿闷环境中激烈运动，每小时排汗可达 2 ~ 3L。大量排汗导致体液和电解质的丢失，使体内正常的水平衡和电解质平衡被破坏，导致运动能力下降。因此，运动员应尽量避免脱水。值得注意的是，脱水常常是在不知不觉中发生，当感到口渴和出现一些脱水症状时，体内早已脱水。所以，要保持机体水平衡，补水是一个不可忽视的问题。

游泳运动员水的需要量应随体重、年龄、气候、运动强度、膳食、代谢情况的变化而变化，目前尚无统一定论。正常成人每日需水 2L。正常人的需水量随年龄阶段的不同而异，年龄越大，每千克体重需水量相对少些，到成年后相对稳定。一般情况下，正常人每天水的出入量保持平衡。我国尚无水的推荐摄人量。美国提出正常人的推荐摄人量为：

每消耗 1kcal（4.184kJ）能量，需要水 1.5ml，但是运动员的需要量可能是这个量的 2~3 倍。这取决于训练的环境条件。补水的一般原则是：①运动前 2 小时补充 500ml 液体；②运动中采用少量多次的方式补水，以防止胃的不适；③运动后补充运动中液体的丢失，运动中每丢失 1kg 体重，补液 1000ml；④饮用的液体温度应低于室温（一般为 15~22℃），口味适合运动特点，液体应随手可得；⑤运动时间长于 1 小时，应在液体中加入适量的糖和电解质。另外，运动后补液越早越好，但不能暴饮，以免引起浮肿等不良反应。

5. 维生素

维生素是一组维持人体正常生理功能和健康所必需的一类有机化合物，只需少量即能满足维持正常生理功能的需要，但缺乏又会引起生理功能障碍和缺乏病。

维生素根据其溶解性质，分为水溶性和脂溶性两大类：水溶性维生素包括维生素 C（抗坏血酸）和 B 族维生素，后者有 B1（硫胺素）、B2（核黄素）、B6（磷酸吡哆醛）、B12（钴氨酸）、烟酸（尼克酸）、泛酸、叶酸、生物素等。此类维生素有两个主要特点：①不在体内储存，当机体内这些营养素充裕时，多余部分便可通过尿液排出。②构成机体多种酶系的重要辅基或辅酶，参与机体糖、蛋白质、脂肪等多种代谢。

水溶性维生素的特点是指仅溶于水的维生素；其化学元素的组成除碳、氢、氧外，还含有氮、硫、钴等；在体内储存量很少，不同个体体内维生素的储存量有变异，必须经常摄取，缺乏后症状出现较快，例如大部分维生素 B 在缺乏的 3~7 天即会出现症状；绝大多数是以辅酶的形式参与酶系统，在中间代谢环节如：呼吸、羧化和一碳单位转移等方面发挥重要作用；通过调整蛋白质、脂肪和糖的合成与分解调节能量代谢，营养状况多数可通过血或尿液中标记物检测；一般不引起中毒。

脂溶性维生素包括 A（视黄醇）、D、E、K。该类维生素的特点是：①化学组成仅含碳、氢、氧。②仅溶于脂肪和脂溶剂。③在肠道随脂肪经淋巴系统吸收，大部分储存在脂肪组织，由胆汁少量排出。④可以在肝脏等器官蓄积，排泄慢，过量可以引起中毒；当膳食中短期摄入不足或缺乏时，可动员储存的维生素来维持正常功能的需要。⑤短期缺乏用一般血液指标查不出来。

已知维生素对人体多种代谢与功能有重要作用，大致可归纳为：①作为能量辅助因子的有：维生素 B1、B2、B6、尼克酸、偏多酸、生物素。②具有神经系统功能的——维生素 B1、B2、B6、叶酸、B12、尼克酸。③有合成血红蛋白作用的——维生素 B6、叶酸、B12、C、B2。④具有免疫功能的维生素 B6、C、A、E。⑤有抗氧化作用的维生素 C、A、E。⑥对骨代谢有作用的维生素 D。

摄入适宜量维生素有利于维持组织的正常功能、组织水平代谢物及酶活力增加等改变。维生素摄入量不足，达到边缘性缺乏时会引起亚临床的功能损害，例如使不同组织的一些酶活力降低，不及时纠正即发生临床的功能损伤，体能下降、功能紊乱。增加维生素摄入量，可能会增加人体体池中维生素含量和某些酶的活力，促进蛋白质代谢，细胞合成和抗氧化能力等，但不一定会改进运动竞技能力。过量摄入维生素对人体有毒害作用，出现功能降低。短期的营养不良可使不同组织某些酶活力下降，其后才出现功能紊乱、体能降低。相反，维生素摄入增加时，某些酶活力增加，但不一定会改进运动能力。

5.1 维生素 A

维生素 A 与运动员的应激和免疫功能有一定关系。运动员维生素 A 的供给量为 1500 微克视黄醇当量，过量的维生素 A 补充会造成中毒。维生素 A 主要存在于动物内脏、乳、蛋等食物中。维生素 A 的前体胡萝卜素存在于蔬菜中。

5.2 维生素 B1

我国优秀运动员营养调查的结果表明约 1/2 被调查运动员的维生素 B1 低于推荐的供给量。对运动员进行系统营养调查的结果表明近年来维生素 B1 的摄入量有减少趋势，这可能与谷类食物加工过细、摄入量减少有关。最近公布的推荐的运动员维生素 Bl 适宜摄入量是 3～5mg/d，1mg/4186kJ（陈吉棣 1991，2000），因运动增加的维生素 B1 需要应尽量从食物消耗中取得，必要时可采用维生素 B1 制剂。

粗粮是维生素 Bl 的重要来源，粗粮经过精碾后损失多，例如稻米未经精加工前的维生素 Bl 含量明显高于精加工后的含量。瘦猪肉和内脏的维生素 B1 也比较丰富，含量为 0.20～0.54mg/100g 之间；花生（维生素 Bl 含量 0.72mg/100g）、核桃、芝麻和豆类（维生素 B1 含量 0.15～0.43mg/100g）等都是维生素 Bl 的良好来源。

5.3　维生素 B2

我国近期推荐的维生素 B2 适宜摄入量是 2～2.5mg/d。国内近期的营养调查研究表明：我国优秀运动员维生素 B2 的缺乏或不足相对低于硫胺素的检出率，但有约为 20%～30% 的不足或边缘性缺乏情况，尤其对于生长发育期的儿童青少年、能量消耗大、一些控体重、减体重以及素食或不吃动物蛋白的运动员，要注意加强维生素 B2 的补充。对于维生素 B2 的补充应主要通过膳食途径，维生素 B2 广泛存在于奶、蛋、肉类、谷类、蔬菜和水果中。

5.4　维生素 B6

国外现行成年男、女维生素 B6 的日推荐量分别是 2.0mg/d 和 1.6mg/d，并提出因维生素 B6 与氨基酸代谢密切相关，当膳食的蛋白质摄入量，100g/d 时，维生素 B6 的 DRI 应为 2mg/d 以上；尽管当摄入高蛋白膳食时需要增加维生素 B6，但肉类和其他动物性食品含有维生素 B6 如果这些食品充足，则一般不会发生维生素 B6 缺乏。维生素 B6 的主要食物来源有肉类、家禽、鱼、全谷类食品、花生、大豆、硬果类、酵母和蛋类等。

5.5　维生素 B12

维生素 B12 缺乏可使氧的运送能力下降，可影响到最大有氧能力和亚极限运动能力，但维生素 B12 缺乏很少见，因为需要量仅是

2. 4ug/d，而膳食中的平均供给量约为 5 ~ 15ug。维生素 B12 涉及多种代谢过程，并是红细胞生成和功能实现的必要成分，但补充维生素 Bl2 仅有利于巨幼红细胞贫血，而对缺铁性贫血无效。

各种常见食物中肉类、家禽、鱼、蛋类、和乳制品以及豆制品中维生素 B12 含量丰富，例如：猪肉和牛、羊肉中的含量分别是 3.0、1.8 和 2.15ug/100g，猪肝的含量为 26ug/100g，脱脂奶粉为 3.99ug/100g，鸡蛋和鸭蛋分别是 1.55 和 5.4ug/100g，生蛤肉是 19.1ug/100g，蔬菜和水果缺少维生素 B12。

5.6 维生素 C

维生素 C 缺乏对体力能力有不良影响，因维生素 C 缺乏引起的虚弱无力感觉和缺铁性贫血将损害体能。补充维生素 C 的有益作用被认为有：增强免疫功能、减轻疲劳和肌肉酸痛、增强体能及保护细胞免受自由基损伤；因此是一种研究较多和使用最多的维生素。运动可能使维生素 C 的需要量增加。一次运动可使机体血液中维生素 C 含量增加，同时，脏器中维生素 C 含量减少。

摄入大剂量维生素 C 可认为相对无害，但过量（＞1g/d）补充维生素 C 可导致尿排出大量草酸结晶，甚至形成草酸结石、增加尿酸排出、腹泻、影响维生素 B12 的利用率以及铁过度负荷，因此不宜过量补充，改善运动员维生素 C 的营养，仍应从增加运动员膳食的新鲜蔬菜和水果的途径来解决。

维生素 C 主要来自新鲜的蔬菜和水果。如绿色和红、黄色的辣椒、菠菜、西红柿、韭菜、红果、柑橘、柚子、草莓和橘、橙等。野生的蔬菜和水果如：苜蓿、苋菜、刺梨、沙棘、猕猴桃和酸枣等含维生素 C 尤其丰富。经常食用足量的和多种蔬菜和水果，注意减少烹调损失，一般不会发生维生素 C 缺乏，动物性食物的维生素 C 含量很少。

5.7 维生素 D

因为维生素 D 可以从膳食摄入和皮肤合成，但目前国内食物成分表缺少维生素 D 的数据，而皮肤合成量也很难估计。最近中国营养学

会对我国居民推荐的膳食维生素 D 摄入量（RNl）是：7～10 岁儿童为
10ug/d；11～17 岁和成年人均为 5ug/d；50 岁以上的老年人为 10ug/d，
（1ug＝40IU）。各年龄组的 RNI 比已观察到的最低副作用剂量低很多，
也未达到最大无害剂量水平（LachancePA，1998）。

　　维生素 D 有潜在的毒性，尤其是儿童摄入过量的维生素 D 可导致
高钙血症、高尿钙、软组织钙化、厌食、便秘和不可逆的肾脏及心血管
损伤；高钙摄入可增加维生素 D 的毒性。已有报道每日摄入 50ug 即可
引起高维生素 D 血症，我国儿童和成年人的 UL 值为 20ug/d。

　　食物中的维生素 D 来源：鱼肝油是维生素 D 最丰富的来源
（8500IU/100g）。天然食物的维生素 D 含量较低；动物性食物是天然维
生素 D 的主要来源，例如含脂肪高的海鱼和鱼卵（大麻哈鱼和红鳟鱼
罐头 5001U/l00g）、肝脏（炖鸡肝和烤羊肝分别为 67 和 231U/100g）；
煎、煮或荷包鸡蛋（491U/100g）；奶油（含脂肪 31.3% 为 50IU/l00g）；
瘦肉、奶、坚果中含微量维生素 D；人奶和牛奶含量较低；蔬菜和谷物
几乎不含维生素 D。

5.8　维生素 E

　　维生素 E 的毒性很小。国外资料报道的维生素 E 的无毒副作用水
平（NOAEL）为 800mg（1200IU）。以体重 70kg 男性为参考计算，单
位体重的 NOAEL 为 11.4mg/kg。考虑儿童对毒副作用更为敏感，可耐
受的最高量（UL）定为 10mg/kg。美国不同年龄组的 UL 值为 4～8 岁：
300mg，9～13 岁：600mg，14～18 岁：800mg。

　　维生素参与机体的各种代谢，缺乏或不足时会对运动能力产生不利
的作用，即使是轻度的缺乏也会有影响，表现为倦怠、食欲下降、头
痛、便秘、易怒、疲劳、活动能力减弱，抵抗力下降，做功量减少，运
动效率降低；进一步缺乏，可导致生活能力及器官机能衰退。

　　在各种常见的食品及调味品中，食用油的维生素 E 含量最高（总
生育酚：72mg，a 生育酚：8.2mg）；豆类的含量其次（总生育酚：
4.9mg，q 生育酚：0.72mg）；蛋类（含总生育酚：2.05mg，a 生育酚：

1.64mg）和水产品（含总生育酚：1.25mg，a 生育酚：0.82mg）维生素 E 含量也较高；谷类食物含总生育酚：0.96mg，a 生育酚：0.50mg）；其他如蔬菜、水果、肉类和乳类的维生素 E 含量均不高，总生育酚的含量在 1mg 以下。

对于经常运动的运动员，建议每天服用 1200～1500IU。

缺乏维生素可导致工作能力的下降，校正维生素缺乏或不足状态，可以提高运动能力。但当运动员体内维生素已处于良好水平时，额外补充甚至超常量（RDA 的 10 倍或更多）使用某一种或几种维生素制剂，效果往往不明确，过量补充某一种维生素会引起体内维生素的不平衡。脂溶性维生素 A 和 D 的过量摄入可在体内蓄积而引起中毒，即使是过量补充水溶性维生素，也会引起严重的副作用。因此，补充维生素的量要适度，尤其是对于脂溶性维生素的补充问题更要适度进行。

6. 矿物质和微量元素

人体内除去碳、氢、氧、氮以外的元素统称矿物质，根据在人体的含量和日需要量分为必需宏量元素和必需微量元素。总量超过人体体重 0.01% 以上、日需要量大于 100mg 的元素为必需宏量元素，有钠、钾、钙、镁、氯、磷、硫。总量低于体重的 0.01%、日需要量在 100mg 以下的元素为必需微量元素。目前认为人体必需的微量元素有 8 种，包括铁、锌、硒、铜、铬、钼、钴、碘，人体可能必需的元素有 5 种，包括镍、钒、硅、锰、硼；具有潜在毒性，但在低剂量时，人体可能必需的元素，共 7 种，包括锡、氟、铅、镉、汞、砷、铝。这些宏量或微量元素为机体所必需，在组织中含量恒定，如果缺乏，机体将出现相应的异常和特殊的生理生化和临床改变，一旦得到纠正，异常现象消失，机体恢复正常。钠、钾、钙、镁是主要的正电性元素，对维持体液的渗透压和酸碱平衡，维持神经、肌肉细胞的兴奋性，维持酶的活性，构成组织细胞等方面起重要作用。

6.1 钠、钾及其氯化物

钠、钾和氯化物被统一称作电解质。钠和钾在神经传递，肌肉收缩和酸碱平衡中起着重要作用。钠主要存在于细胞外液，而钾主要存在于细胞内液。氯化物的缺失会增加乳酸的堆积，钾缺失能引起肌肉无力。食源性的钠和氯化物很容易得到的，例如食盐就富含氯化钠，海产品，肉类，奶类和鸡蛋中也富含钠和氯化物。

一般成年人每日氯化钠的需要量约为 4.5 ~ 9g。氯化钠是食物的调味品，在消化道内几乎全部吸收。因此，如果能保证正常饮食，一般不会缺乏。运动员钾每日需求量约为 2 ~ 5g。

6.2 钙

钙在成人体内的总量 1000 ~ 1200g，约为体重的 1.5% ~ 2%，其中绝大部分（99%）的钙集中于骨骼和牙齿中，剩余 1% 的钙存在于细胞内外液和软组织中。体液中的钙有三种形式：离子钙占 47.5%，是生理活性形式；与有机或无机酸结合的扩散性钙复合物，占 6.5%，如磷酸钙、硫酸钙等；与蛋白质结合在一起的钙，也称蛋白质结合钙，含量恒定。可通过肾小球滤过的钙称"可扩散钙"，不能滤过的称"不可扩散钙"。

运动员的钙消耗量较高，应当合理补钙。运动员钙的需要量高于普通人，因此钙的推荐供给量也高于普通人。我国运动员（不分年龄）每日钙的推荐食物供给量为 1000 ~ 1200mg，对于不同年龄组运动员的钙膳食推荐量，可以考虑在普通人推荐量（见表 4 - 3）的基础上，确立同龄组运动员膳食钙摄入推荐量范围，即范围下限为普通人的推荐量，加 200mg 为上限。例如，11 ~ 13 岁普通人每天膳食钙摄入推荐量为 1000mg，那么，11 ~ 13 岁运动员膳食钙摄入推荐量则为 1000 ~ 1200mg。大运动量项目运动员在高温环境下训练或比赛时的钙摄入量可考虑上限，即 1200mg。其他年龄组类同。英国推荐 11 ~ 24 岁的闭经运动员每日钙的供给量为 1500rag，月经正常运动员为 1200mg，我国尚无这方面的推荐供给量。

表4-3　我国普通人钙的膳食推荐供给量和可耐受最大摄入量（mg/d）

年龄	推荐供给量	可耐受最大摄入量
7 岁 ~	800	2000
11 岁 ~	1000	2000
14 岁 ~	1000	2000
18 岁 ~	800	2000
50 岁 ~	1000	2000

　　基于目前膳食外补钙的情况比较普遍，为防止补钙过量，中国营养学会在提出钙膳食推荐量。运动员可耐受的钙最大摄入量应与普通人相同。运动员补钙时只需补足需要的量即可，应避免长期过量补钙。长期过量补钙，可引起高钙尿，增加肾结石的危险。长期过量补钙，还影响铁、锌、镁、磷等元素的吸收。

　　奶和奶制品是钙的主要来源，其钙含量和钙吸收率均比其他食物高。虾皮、干海带等食物含钙量也很高。豆类和绿色蔬菜也是钙的较好来源，骨粉、牡蛎壳粉作为特殊的食物源钙补充物含钙量也很高。运动员应注意多选择含钙丰富和钙吸收率高的食物。

6.3　铁

　　铁是人体必需的微量元素，正常成年男子体内的含铁量约为 3 ~ 5g，女子体内的铁量较男子稍低。人体内铁绝大部分与蛋白质结合而存在。65% ~ 70% 的铁存在于红细胞的血红蛋白中，4% 存在于肌球蛋白中，约 25% ~ 30% 以铁蛋白和含铁血黄素的形式储存于肝脏、脾脏和骨髓中。根据含铁化物的功能将其分为两类：一类具有特殊的生理功能，如含铁的血红蛋白、肌红蛋白存在于血液和肌肉中，参与氧或二氧化碳的运输；含铁的酶如细胞色素酶、过氧化物酶、过氧化氢酶、黄嘌呤氧化酶等，参与组织的氧化呼吸，催化生物的氧化还原反应等。这类铁约占体内总铁量的 75% 左右。另一类不具特殊的生理功能，为储存形式的铁，以铁蛋白及含铁血黄素的形式，存在于肝脏、脾脏、骨髓和骨骼肌中，构成机体的铁储备，随时可以动员使用。

大量研究表明，运动引起铁代谢的加快，使铁的吸收受到影响，并使铁的排出增多。这些，都增加了运动员对铁的需要量。女子运动员的铁储备状况差于男子运动员。由于女子运动员从月经丢失铁，尤其是处于青春期的女运动员又加上生长发育对铁的需要，更容易发生铁缺乏。成年妇女平均每天从月经中丢失的铁量约为 0.6mg，大约 25% 的成年妇女每天可丢失 0.9mg。因此，运动员尤其是女运动员要注意补铁的问题。

根据运动员的需要量和膳食铁 10% 左右的吸收率，我国对运动员（不分年龄）每日膳食铁推荐的摄人量为：男运动员在常温下训练或比赛为 20mg，在高温下训练或比赛为 25mg；女运动员在常温下训练或比赛为 25mg，高温下训练或比赛为 30mg。

动物肝脏、全血、肉类（畜、鱼、禽）、豆类和绿色蔬菜是铁的良好食物来源。蛋黄中铁的吸收率虽然较低，但含铁丰富，仍为较好的铁源食物。奶类为贫铁食品。运动员应选择含铁丰富且吸收率高的食物，必要时，应该补充铁剂。

6.4 锌

正常成年男子体内的锌含量约为 2.58（38mmol），成年女子约为 1.5g（23mmol），大部分存在于肌肉和骨骼中，血液锌量不到全身总锌量的 0.5%。血液中的锌 75% ~85% 在红细胞中，白细胞和血小板中约占 3%，血浆中约有 12% ~22%。血浆中锌大部分为结合状态，与蛋白质等结合，约有 2% 为游离锌。

锌具有参与多种酶的合成、参与 RNA 和 DNA 的代谢、参与基因调控、维持生物膜的结构和功能、与雄激素和生殖能力有关、与味觉有关、参与甲状腺激素的代谢、维持肌肉的正常代谢和功能、与自由基清除有关等众多生理功能。

运动可明显影响锌的代谢，可引起机体锌的重新分布。运动可使血清锌含量发生变化，变化与运动的类型、强度时间等多种因素有关。一般来说，短时间、太强度的无氧或缺氧运动，可使血清锌升高；而长时间有氧疲劳性运动后血清锌下降，但也有相反的研究结果。长期进行大运动量训练可使运动员血清锌含量处于较低水平。运动员血清锌的低下与运动员的锌代谢较快、排出增多、吸收率下降等因素有关。与普通人不同的是，许多项目的运动员在训练比赛中出汗量较多，特别是在高温环境中。高温环境中运动训练，运动员每天可从体表丢失的锌达5mg。而且，研究显示，运动员的尿锌排出量，运动日比非运动日高。可见，运动引起锌消耗的增多，运动员的锌需要量大于普通人。

　　由于运动员可从汗液中丢失大量的锌，同时运动对锌的代谢和消耗增大，故运动员膳食锌的供给量超过普通人。在常温环境下训练或比赛，锌的膳食供给量为每日20mg，在高温环境中训练比赛或大运动量训练比赛，供给量为25mg。

　　如果运动员膳食中的锌含量较低，也可膳食外补充锌。锌为毒性较弱的金属元素，一般膳食中的锌含量不可能引起中毒。但是，如果以药物剂量补充过多，则可能发生中毒。研究显示，长期补充大量的锌（100mg/d），可竞争性抑制铜和铁的吸收，引起贫血，免疫功能下降，并降低血清高密度脂蛋白胆固醇的浓度。普通成年人可耐受的锌的最高摄入量为45mg/d。各年龄组运动员锌的可耐受最大摄入量可按普通人（见表4-4）的做为参照。

　　动物性食品是膳食锌的主要来源。肉类、蛋类含量较高，鱼类及海产类含量也不低，蔬菜、水果含量较低。

表 4-4 我国普通人群锌的膳食推荐供给量 (mg/d)

年龄	每日需要量	每日推荐量	每日可耐受最大摄入量
7 岁 ~	9.68	13.5	28
11 岁 ~ 男	13.10	18.0	37
女	10.82	15.0	34
14 岁 ~ 男	13.88	19.0	42
女	11.2	15.0	35
18 岁 ~ 男	11.23	15.5	45
女	8.26	11.5	37

6.5 硅

硅是除了氧以外地球上含量最多的元素。提到硅，我便想到了计算机芯片和胸部移植物，它并不是一种至关重要的营养物质。然而事实上硅是很重要的。它对骨骼和腱的构成起着作用，研究表明，缺乏硅元素会导致结缔组织的不完整性。而且，它能够带给人们健康的皮肤、韧带、腱以及强健的骨骼。含有硅的食物包括麦片和黑米。剂量：虽然没有标准的 RDA 供参考，但是根据骨骼生长结合的要求硅的需求量每天是 5 到 20mg。

6.6 磷

磷也是能强壮骨骼的另一种重要的矿物质，尤其是对运动员比赛起重要作用。磷与钙结合，是骨骼的主要组成部分，磷是三磷酸腺苷（ATP）和磷酸肌酸（CP）的基本组成成分，还是乳酸的缓冲剂。磷很容易被机体吸收，在许多常见食物中磷的含量都丰富，如肉类，鱼类，禽类及乳制品等。所以，运动员的饮食应该能很好地满足对该矿物质的建议推荐量。少量地以补剂的形式补充磷对女运动员来说不失为一个好办法，因为女性运动员每天摄入的磷的量要比消耗的稍微少点。对男性运动员就不必要这样补充，当然适当地补充对所有运动员来说都能预防该矿物质的缺失。大量补充磷对机体是有害的，大剂量地补充磷能引起肾结石，补充磷的上限剂量是每日 4000 毫克。富含磷的食物有：肉，禽，鱼，奶，乳酪，鸡蛋，坚果，大豆和豌豆等。

6.7 镁

镁存在于 300 多种酶中，起调节代谢的作用。包括对肝糖原和肌糖原的转换作用，所以，镁对训练时的能量供应起重要作用。镁还是骨的组成成分。机体内大约 50% 的镁都存在于骨骼内。许多研究报道，四分之三的饮食中缺乏镁，相应地，许多运动员的饮食中也存在镁的缺乏。

镁的缺乏能引起肌肉无力和骨骼变脆。尽管小剂量的镁补剂对预防镁缺失是一种很不错的方法，然而，镁作为补剂被用于提高运动能力时，其作用结果是复杂的。目前尚未有毒性作用的报道。但是，过量的镁会影响骨骼的硬度。所以，建议补充镁的上限为每日 350 毫克为安全。富含镁的食物有：坚果，豌豆，大豆，谷物及绿叶蔬菜等。

6.8 硒

硒也是一种微量元素，与维生素 E 结合起抗氧化，抗衰老作用。硒可增强免疫力，预防过度训练的发生。对饮食平衡的运动员来说，可能不需要补充硒，但是，对不能保持膳食平衡的运动员来说补充硒很必要。对硒的推荐摄入量是非常小的，男性 70 微克，女性 60 微克。这个量或更少量的补充硒是安全的，大剂量会引起肠道紊乱，会对牙齿和指甲有损害，引起毛发脱落，皮疹和疲劳等。过量的硒对神经有损害。肉类，海产品和全谷物产品中富含硒。

6.9 锰

锰是另一种微量元素，有抗氧化作用。也参与许多酶的合成，尤其是三磷酸腺苷酶，该酶参与三磷酸腺苷作为能量的分解。锰不能通过消化道很好地被吸收。3～5 毫克每日推荐量能从日常的饮食中满足，而且很少有报道缺锰。运动员应该在饮食中注意少量补充锰，因为其日常的训练中需要锰。未曾有锰毒性作用的报道，也没有其摄入量的上限规定。牛肉，糠，坚果，大豆及水果中富含锰。

6.10 铜

铜参与红细胞的形成，所以铜对于耐力的形成是有很重要的作用的。铜能通过汗液丢失，所以很多专家声称，运动员比普通人更容易丢失铜。铜的每日推荐量为 2 ~ 3 毫克。大多数人的摄入量都在推荐量的一倍到两倍，所以很少报道有铜缺失的现象，因此并不推荐补充铜。

第三节　游泳运动员常用营养生化补剂

1. 谷物棒

1.1　成分及特点

谷物棒主要含碳水化合物，且含少量脂肪、蛋白质和纤维素。在运动中或运动后食用能快速提供大量热能。在某些长时间运动项目期间，这种固体碳水化合物可以用于消除饥饿。可作为运动棒的比较便宜的替代品，但是它含蛋白质和微量元素比较少。

谷物棒有多种风味，包括 K – Time Twists，和 K – Time Bars（见表 4 – 5）。

表 4 – 5　两种谷物棒的比较

	K – Time Bars	K – Time Twists
能量（卡）	490/117	440/105
蛋白质（克）	1.5	2.0
脂肪（克）	0.6	1.0
碳水化合物		
总量（克）	25	23
糖（克）	10	10
纤维素（克）	1	2
钠（克）	30 ~ 120	65
钾（克）	25 ~ 100	55

1.2 体育运动中的应用现状

谷物棒营养素密度很高，属高能量食品。在耐力运动训练或比赛期间，尤其是在饥饿时或者是吃大量食物不太实际时，是提供热能的来源。对于要进行大运动量训练或要增加肌肉体积的运动员来说，更为实用。作为碳水化合物供应源，既简便有便于携带。和其他的食物和液体补充剂一并食用，则是极好的运动后恢复食品。不含无用成分，碳水化合物丰富，适于运动前食用。国内或国际旅行时，如购买食物受限制，可以用它代替，既携带方便又便宜。

2. 肌 酸

2.1 成分及特点

肌酸是天然存在的化合物，大量存在于骨骼肌中。在体内由精氨酸、甘氨酸和蛋氨酸三种氨基酸为原料合成。肌酸的磷酸化形式称为磷酸肌酸，运动时在肌酸激酶（CK）催化下，磷酸肌酸将分子内的高能磷酸基团快速转移给 ADP 形成 ATP。运动后恢复期体内氧化产生大量 ATP，再由 CK 催化 ATP 分子中的高能磷酸基团转移给肌酸重新合成磷酸肌酸。磷酸肌酸系统是高强度运动时的重要能源物质。

2.2 体育运动中的应用现状

进行对抗训练项目的优秀运动员，用以增加瘦体重。

用在间歇和短跑训练场合，要求运动员有很好的爆发力，能在短暂休息之后重复训练。

用于间歇性的运动项目（例：棒球、篮球、足球和网球）

2.3 补充方法

一般用温开水溶解白色粉末状的单晶体肌酸。由于肌酸无味，也可用果汁冲服。目前较公认的是采用负荷剂量和维持剂量相结合的方法进行补充。即每天口服肌酸 20g 左右（相当于成人每千克体重 0.2 ~ 0.3g），分 4 ~ 5 次服用，连续服用 4 ~ 6 天。当总肌酸池浓度达到上限时，可继续服用小剂量以维持肌酸的总储存量，通常采用每天摄入 2g（约每千克体重 0.02 ~ 0.03g）肌酸，连续补充 4 周后，肌肉中肌酸会在数周内保持在较高水平上。因此，不必在整个训练期不间断服用，以免浪费和出现副作用。

2.4 副作用

由于要维持体液，食用肌酸会增加体重。少数报道会造成肌肉痉挛。过度使用会对肝肾造成潜在的有害影响。

3. 咖啡因

咖啡因作为一种缓和的中枢神经系统刺激剂，对中枢神经起兴奋作用，此外，还能存进脂肪分解，延缓疲劳，广泛应用于普通人群和运动员。然而，咖啡因的代谢和促力机制仍不肯定。在 2004 年以前被国际奥委会（IOC）列入兴奋剂清单，规定尿中浓度超过 $12\mu g/ml$ 时为阳性。2004 年又将咖啡因从兴奋剂名单中删除。

咖啡因对高强度短时间运动能力的提高作用不明显，但可使长时间耐力运动能力得到提高。咖啡因提高耐力的机理可能是促进脂肪分解，脂肪分解的结果抑制磷酸果糖激酶活性，使糖原分解减少，起到节省糖原的作用，维持血糖浓度，使运动达力竭的时间延长。

运动前 1 小时左右服用 3 ~ 4 杯（100mg/杯），可有效提高运动能力。

过量使用咖啡因，可增加胃酸分泌，出现神经系统症状，如焦虑、失眠、头痛，心悸、心律失常等。

4. 谷氨酰胺

谷氨酰胺是人的肌肉和血浆中含量最为丰富的游离氨基酸。近年来的研究表明谷氨酰胺是免疫细胞代谢过程中的重要原料，它为白细胞快速提供能量，同时也是合成核苷的重要原料；谷氨酰胺在蛋白质代谢中起主要作用，其在运动员体内有抗蛋白水解作用，这一作用是通过抵消糖皮质激素的分解代谢作用而产生的；此外，谷氨酰胺对肠粘膜细胞、骨髓干细胞的分化也具有重要作用。

已有大量研究证实在剧烈运动、受伤、感染等应激条件下，对谷氨酰胺的需要量大大超过了机体合成谷氨酰胺的能力，造成体内谷氨酰胺的含量降低，此时补充谷氨酰胺对肠功能、降低发病率以及对某些免疫细胞的功能都有好处。

近年来出现一种从天然谷物中提取的复合碳水化合物、D－核糖和L－谷氨酰胺、组成的产品名为劲能 U 号，在运动中供给能量稳定，作用时间延长，同时极易消化吸收。因而，可以使机体在剧烈运动或训练期间保持高水平的能量供给。使用方法：每 70 克用 800 毫升水或果汁冲服，运动前 20 分钟、运动中和运动后服用。

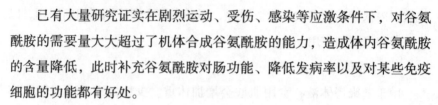

5. 磷脂酰胆碱（PC）

5.1 胆碱的功能

胆碱在维持正常肝功能，调控胆固醇水平，以及生殖健康和大脑的许多功能中起着主要作用。由于胆碱在人体内的广泛生物学作用，特别是在肌肉收缩中起到的重要作用，胆碱日益为国际运动营养学所重视，大量研究表明：胆碱补剂能显著提高运动员耐力训练水平，延缓疲劳，加速运动员疲劳的消除。

研究表明：磷脂酰胆碱能够有效提高胆碱水平。一些研究显示，胆碱补剂确实能显著提高血浆胆碱的水平，但磷脂酰胆碱是最有效的。

5.2 使用剂量

美国医学学会认为胆碱的正常摄入量是：男性和孕妇 550 毫克/天，婴儿和女性 450 毫克/天。

6. 磷脂酰丝氨酸（PS）

6.1 PS 的功能

磷脂酰丝氨酸（PS）是全身细胞膜（尤其是大脑）的重要组成部

分。近年来的研究表明，PS 能帮助维持大脑的功能平衡（大脑在功能亢进时降低其兴奋性，在功能抑止时使其兴奋），消除神经疲劳危害；能抑制运动产生的 ACTH 和皮质醇，提高睾酮/皮质醇比值，因而减少肌肉组织中氨基酸的流失；能防止运动紧张和超负荷训练（例如，过渡训练）引起的生理衰退；能够加快体能恢复、防止肌肉疼痛以及使运动员在训练紧张时感觉良好；保护肌肉膜，避免由于肌肉损伤形成的磷脂酶损坏；能提高葡萄糖向肌肉细胞的传输效率，保护营养物质不从肌肉细胞中流失。

6.2 PS 的使用方法

由于临床毒性实验证明长期服用 PS 对人体没有任何毒副作用，最佳的运动员服用方法是在最初的两至三周内每天服用 800mg（饭后），这使细胞膜的 PS 达到一个饱和状态，而后常规训练时维持在每天 200mg（饭后）的稳定量，在高强训练或比赛前两周提高剂量（800mg/天）。

（彭　朋　方子龙）

参考文献

1. 陈吉棣主编. 运动营养学. 北京大学出版社，2002

2. 曲绵域，于长隆主编. 实用运动医学. 北京大学医学出版社，2003

3. 中国营养学会. 中国居民膳食营养素参考摄入量. 中国轻工业出版社，2000

4. 赵章忠主编. 食品的营养与食疗. 上海科技出版社，1997

5. Bill Foran. High – performance Sports Conditioning. Human Kinetics，2000

6. Erine Maglischo. Nutrition for swimmers

7. Fred Brouns. Nutrition Needs of Athletes. 1993

8. Jose Antonio，Ash Batheja，Brian Deeds，et al. Sports Nutrition Review. 2004

9. Ronald J. Maughan. Nutrition in Sport. 1999

10. Vince Andrich. Sports Supplement Review. Human Kinetics，2001

第五章　游泳运动员专项力量训练

竞技游泳是一项对全面身体素质要求很高的运动，在发展运动员专项技术水平的同时，身体的综合体能素质也需要得到相应的加强，而其中专项力量素质的发展和研究，是其中一项重要的内容。如为了使运动员在水中更好的控制住身体位置，必须加强运动员陆上腰腹肌训练，强大的腰腹力量能够使运动员在水中保持好扁平姿势，减小阻力，使得技术的发挥更有效，同时良好的腰腹力量还可以保护运动员免受伤病的袭扰；又如为了使运动员在比赛中的出发及转身能快速有力的登离池壁和出发台，必须加强运动员陆上蹲跳和腿部力量练习。

游泳项目的力量训练主要包括陆上训练和水中训练两个内容。陆上训练方法变化多，运用灵活，发展肢体爆发力比较全面，效果比水中更好。陆上训练得到的效果可为水中专项训练打好基础，水中专项素质的提高又可为专项成绩的提高提供保证。另外，水中训练就是将陆上训练获得的爆发力素质转化为转向力量素质的关键。同时，水中的各种速度力量练习更能符合游泳自身的肌肉用力特点，因为陆上训练的方法难以模仿正确的划水动作与划臂速度训练，只有通过水中的练习才能对成绩的提高起到直接作用。陆上速度力量训练方法有上肢速度力量训练、腰腹部力量训练和下肢力量训练等；水中速度力量训练方法有水中阻力训练方法、带脚掌训练法、重复法和短冲训练法等。整个训练安排中，陆上及水中力量训练的内容应保持相应的比例，是运动员在提高肌肉力量的同时着重结和专项能力的发展，及时把陆上力量练习所得向水上专项转化。

游泳的用力特点是等动性的收缩，其特点是肌肉在整个关节活动范围中，以相对稳定的速度进行最大收缩，在肌肉工作全过程的任何一点，都能产生出最大的肌肉张力。另外，据研究游泳时的划水动作的拉力：前 1/3 为 29.5 公斤、中 1/3 为 22.6 公斤、后 1/3 为 32.6 公斤。这说明当划水通过胸前时，因骨杠杆处于不利位置，臂划水使不上力。采用一般动力性力量练习，所受阻力是恒定的，这不符合游泳时水中力量的真实情况，而等动力量练习则更能接近水中力量特性，因此，通常采用等动力量练习来发展运动员的专项力量素质。目前，国内外研制的力量练习器，根据其阻力源特性，可分为：机械式、风轮式、磁阻力式和液压是等。据报道在游泳等动拉力器上采用标准测试方法对优秀男女运动员所测得的结果与他们的游泳成绩呈显著性相关，而且，等动训练法不仅能迅速增加肌肉力量和爆发力，也不会使肌肉围度变粗、降低肌肉耐力，更能选择性的训练屈肌、得到最佳的屈/伸肌比值，减少运动损伤的发生，延长运动员的运动寿命。除了运用等动力量练习来增加运动员的专项能力外，还由于多方法被用来增强游泳运动员的专项素质。比如，使用划水掌进行专项力量训练。通过带划水掌把陆上训练所得能力，顺利地过渡到水中。还有教练员使用牵引训练发来提高运动员游泳的速度等。

综上所述，游泳运动中专项力量素质是重中之重，在安排训练计划时应该注重专项力量的提高，并对运动员的专项力量素质做出正确的评定，及时调整训练计划，使运动员的竞技水平始终保持在较高水平，为在比赛中取得好成绩打下良好的基础。

第一节 专项力量理论

力量能力表现水平取决于一系列医学生物学、心理学和生物力学因素。医学生物学因素指工作肌的收缩能力；肌纤维的神经支配特点；同时参与工作的运动神经元数量和运动神经元工作的同步能力；肾上腺素、去甲肾上腺素、生长激素和性腺激素这类激素的分泌水平；进行力量练习时代谢过程的强度、容量和效率。

肌肉的收缩能力除取决于肌肉的解剖结构及其生理横断面之外，还取决于肌纤维的结构，即肌肉内部各类肌纤维的对比。人体肌肉由4种类型的肌纤维组成。这4种类型肌纤维的神经支配特点、兴奋阈、收缩速度和肌肉收缩动力不尽相同。依据建立在肌肉活动组织研究基础上的现代科学观点，人们根据收缩速度和供能特点的不同，将肌纤维分为慢氧化肌纤维、快氧化糖酵解即县委、快速糖酵解肌纤维和过渡性肌纤维。

慢氧化肌纤维受慢运动神经元支配，慢氧化肌纤维与慢运动神经元共同组成慢运动单位。慢运动单位主要依靠生物学氧化脂类和糖类维持工作，慢运动单位内含有大量的线粒体和丰富的毛细血管网。慢运动单位的兴奋阈较低，外力只需达最大发力的 50～60%，即开始投入工作，擅长承受长时间的动力性工作。慢氧化肌纤维的百分比在相当程度上决定于中等强度长时间工作的能力。

快速糖酵解肌纤维与快氧化肌纤维受快运动神经元支配，他们共同组成快运动单位。快运动单位兴奋阈较高，需在受力较高的情况下，才开始欧如工作；或在要求肌肉以最快速度、最快频率收缩，克服最大阻力或极限阻力的情况下才开始投入工作。快速糖酵解肌纤维内含丰富的肌原纤维、糖元、糖酵解酶，但线粒体含量不多。快速糖酵解肌纤维主要依靠 ATP 糖酵解再合成维持工作，在动力性工作中容易疲劳。肌肉种快速糖酵解肌纤维的含量多少与最大力量、爆发力量和速度力量的大小相关。

快氧化糖酵解肌纤维既依靠糖酵解，也依靠 ATP 有氧再合成供能收缩。与快速糖酵解肌纤维相比，快氧化糖酵解肌纤维含有发达的收缩器官，及较多的线粒体。快氧化糖酵解肌纤维既可表现出较大的动力能力，也可表现出较好的的耐力。

肌群中快慢肌纤维的比例时遗传决定的一种特征，在训练过程中这种比例变动不大，这种变动主要通过过渡性肌纤维变异为快肌或慢肌纤维。同时，由于对速度力量性训练适应的结果，慢肌纤维可能获得快肌

游泳运动科学训练与监控

纤维的某些特征。通过耐力训练，快肌纤维也可获得慢肌纤维的一系列特征。

快慢肌纤维不会同时投入工作，因为支配他们的运动神经元依兴奋阈的不同分为很多种。改变练习种粮、联系速度、频率、每次练习的持续时间和间歇时间，会使快运动单位或慢运动单位优先参与工作，从而促使快速糖酵解肌纤维、快氧化糖酵解肌纤维或慢氧化肌纤维收缩。通过有目的的训练，可有目的地增加快肌或慢肌纤维中的收缩蛋白丝，或使各类纤维同时增加；并可有目的地增加各类肌纤维中地线粒体数量和体积；还可有目的地增加各类肌纤维中糖元和磷酸肌酸盐的含量。改变整个集群和整个肌肉器官肌纤维收缩速度、强度和动力，可使极限力量，或爆发力量，或速度力量能力，或不同强度工作的耐力得以增加。

人体骨骼肌对系统力量练习的适应既体现在调节器上，也体现在结构和代谢水平上。在力量训练适应的第一阶段，首先由调节器决定的力量水平发生变化。这种变化体现在工作开始时，运动单位启动数量增多，工作进行过程中，不断有新的运动单位介入工作，同时其工作的同步能力不断增加。训练效果体现相当快，开始力量训练只需 1~2 周之后，在肌群尚未增粗的情况下，极限力量和其他各类力量能力均开始增加。随着训练的继续，开始结构性适应过程，肌纤维中收缩蛋白丝含量增多，工作肌生理横断面增粗。各肌群对力量训练结构性适应进行过程相对缓慢，这一过程持续时间从 3~4 周到持续数月之久。同时，不同的训练方法、训练手段及运动量对快、慢肌纤维的增粗速度有不同的影响，肌纤维的粗细与运动员力量能力的变化有密切联系。

对力量训练的适应过程的代谢效应体现在肌纤维能量潜力的增加；糖元储备、线粒体数量有选择的增多；线粒体体积的增大；糖酵解酶活性的提高；及各种类型肌纤维生物学氧化作用的加强。应指出，在力量训练过程中肌纤维的增粗不仅使肌力增加，还是以后耐力发展的重要先觉条件，因为肌组织容量增大可容纳更多的线粒体，容纳更多的能量基质。大强度的肌活动不仅影响肌纤维中进行的能量过程，而且对心血管和呼吸系统活动的改变产生影响。人体骨骼肌与非条件反射和植物性机能有密切联系，肌肉的收缩活动可影响内脏器官的活动。所以，动力性的力量纤细不仅可导致力量能力的提高，而且还可促进耐力水平的提高。

第二节　对专项力量理论的研究

目前我国游泳运动员的力量研究大部分是在实验室中利用等动拉力器完成的，这与游泳运动的项目特点严重脱节，不能反映真实的机能状态。优秀游泳运动员的专项力量测试，需要将专一性与实用性结合。鉴于此，我们应考虑研究科学的、实用的、不影响训练的优秀游泳运动员测试方案

技术的训练战术的运用，在运动训练和竞赛中有着举足轻重的作用，优秀的技术水平往往能在一定程度上弥补运动员身体条件的不足。优秀运动员的产生总是在合理选材的基础上对其技术进行不断的改进，达到体能与技术的有机结合，从而提高运动水平。当今的技术训练手段已经引入了多学科的方法，以期准确高效地提高技术水平。

游泳是一种对技术要求很高的运动，而训练的大部分时间都是花在了提高游泳运动员的技术动作水平上。游泳速度（V）、划水率（SR）、和每划距离（DPS）之间的关系可以被描述为（Costill et al. 1985；Craig and Pendergast 1979；Maw and Volkers 1996）：

$$V = SR * DPS$$

$$V\ (m/s) = SR\ (strokes/s)\ * DPS\ (m/stroke)$$

$$DPS\ (m) = (V\ [m/s])\ * SR\ (strokes/m)$$

实际上，如何将生理状态的监控与技术动作的评价有效的结合起来是我们目前急需重点研究解决的问题。

那么对专项力量和生理状态相结合的研究是否支持下列观点呢？

1）不同的训练阶段不同训练负荷会对机能产生不同影响，与之相

关的各种激素出现不同变化。

2）以力量训练为主的训练会使机体肌肉的机能和形态发生变化。

3）机体肌肉的力量和形态发生的变化是由于不同细胞水平应激造成的不同系统水平应激共同作用完成的。

就上述观点，我们查阅了大量的文献，并得出了相应的理论：

1. 力量训练对整体系统水平应激反应的影响

1.1 力量训练对机体整体机能和力量素质的影响

力量训练可造成男女肌力的显著增长已得到多个研究的证实。如 Kraemer et al（1999）对青年男性（30yrs）和老年男性（60yrs）进行为期 10 周的大运动量抗阻力量训练发现，无论青年男性还是老年男性肌力都显著增长。女性的情况也是如此，Hakkinen et al（1992）和 Marx et al（2001）的研究都表明长期抗阻力量运动造成女性肌力的明显增长，本研究人体试验结果发现经过 4 周左右的阶段力量训练，在反映最大力量的 60°/S 和反映速度力量的 240°/S 的测试中，运动员肩关节的峰力矩值无论是前屈还是后伸都呈上升趋势；男子运动员膝关节峰力矩的变化与肩关节相同。而女子运动员情况有所不同，除了 240°/S 前伸有 12.3% 的增长外，其它或是增长不明显，或是力量略有下降，呈现负增长。参照女子运动员的峰力矩体重比我们发现，女子运动员的膝关节前屈后伸峰力矩体重比与男子运动员膝关节前屈后伸峰力矩体重比相比差别不大，有的甚至还超过男子，表明女子运动员活动膝关节的肌群力量达到相当高的水平，因此在力量训练阶段不需要特别提高相关肌群的力量，因而造成力矩比值和峰值的负增长。这个结果更验证了上面提到过的观点，即由于游泳训练是各种训练方法和手段是混在一起综合运用的训练的项目，每个训练阶段都有综合性的目标，不可能有单纯耐力训练阶段和单纯力量训练阶段，以力量训练为主的训练阶段，也不能单纯发展力量素质，而是要为正式比赛中实现最好成绩进行准备。

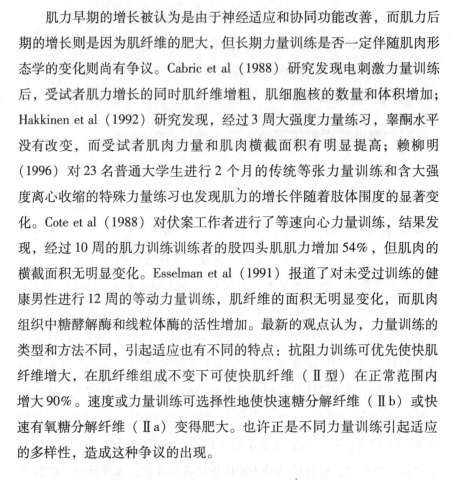

1.2 力量训练对肌肉形态结构变化的影响

肌力早期的增长被认为是由于神经适应和协同功能改善，而肌力后期的增长则是因为肌纤维的肥大，但长期力量训练是否一定伴随肌肉形态学的变化则尚有争议。Cabric et al（1988）研究发现电刺激力量训练后，受试者肌力增长的同时肌纤维增粗，肌细胞核的数量和体积增加；Hakkinen et al（1992）研究发现，经过 3 周大强度力量练习，睾酮水平没有改变，而受试者肌肉力量和肌肉横截面积有明显提高；赖柳明（1996）对 23 名普通大学生进行 2 个月的传统等张力量训练和含大强度离心收缩的特殊力量练习也发现肌力的增长伴随着肢体围度的显著变化。Cote et al（1988）对伏案工作者进行了等速向心力量训练，结果发现，经过 10 周的肌力训练训练者的股四头肌肌力增加 54%，但肌肉的横截面积无明显变化。Esselman et al（1991）报道了对未受过训练的健康男性进行 12 周的等动力量训练，肌纤维的面积无明显变化，而肌肉组织中糖酵解酶和线粒体酶的活性增加。最新的观点认为，力量训练的类型和方法不同，引起适应也有不同的特点：抗阻力训练可优先使快肌纤维增大，在肌纤维组成不变下可使快肌纤维（Ⅱ型）在正常范围内增大 90%。速度或力量训练可选择性地使快速糖分解纤维（Ⅱb）或快速有氧糖分解纤维（Ⅱa）变得肥大。也许正是不同力量训练引起适应的多样性，造成这种争议的出现。

2. 力量训练对机体系统水平应激反应的影响

2.1 力量训练对血清促合成代谢激素的影响

睾酮（Testosterone，T）是体内主要的促合成代谢激素之一，它除了维持男子性功能和副性特征外，还刺激组织摄取氨基酸，促进核酸与蛋白质的合成，促进肌纤维和骨骼生长，刺激促红细胞生成素分泌，增加肌糖原储备，维持雄性攻击意识。

长期运动会造成男女运动员安静时血睾的降低，而且一些追踪研究发现长期耐力性运动会使其睾酮水平变得更低。如研究表明，大训练量长跑运动员的血清 TT 和 FT 都明显低于安静组和中等训练量组，虽然没有低于正常范围，但已处于亚临床状态。这应该引起注意，因为中等训练量组没有出现这种情况。而这种改变的生理学后果还要进一步观察。如有学者认为，性激素的低水平对保护心脏有好处，可以减少发生冠心病的可能性。

男性进行适宜抗阻力量运动训练似能引起睾酮安静时水平的提升。Kraemer et al（1999）对青年男性（30yrs）和老年男性（60yrs）进行为期 10 周的大运动量抗阻力量训练发现，青年男性安静时总血睾水平有上升趋势，而游离血睾则明显上升。虽然大运动量的抗阻力量运动训练也会造成血睾水平下降，但即使是大强度的抗阻力量训练造成的过度训练，安静时及运动后包括睾酮在内的垂体、肾上腺和性腺的激素水平只是受到中等强度的影响，与耐力性运动训练造成的过度训练不同。女性的情况似有所不同，女性的睾酮水平与其通过训练而增长的肌肉力量相关，而女性睾酮水平的个体差异很大，也许会影响个体的运动能力。

IGF－I 是人体中最主要的生长介素，hGH 主要是通过 IGF－I 来实现其合成代谢作用的。IGF－I 不仅作为内分泌因子存在于血液中，而且还能通过自分泌或旁分泌方式在组织局部发挥作用。IGF－1 被认为是反映 GH/IGF－1 轴状态的更有用指标，因为与 GH 相比更稳定。已有研究发现，长期持续性训练会使青年男女的 IGF－1 水平提高；而老年受试者却没有出现同样的情况。这可能与年龄有关，但也可能是训练方式不同所造成的。所以尚需进一步研究。Roelen et al（1997）对健康青年男性进行 2 周的大运动量持续耐力训练，结果发现，经过 2 周训练后，运动组的血浆 IGF－I 水平明显提高，有氧运动能力（VO₂max 等）大大增强；对照组血浆 IGF－I 水平和有氧运动能力没有明显变化。Koziris et al（1999）对优秀大学生男女运动员进行了一个赛季的研究观察，并将赛季分为训练前、训练 2 个月、训练 4 个月和赛季结束，结果发现，男女运动员的血清 IGF－I 水平在前三个阶段逐渐上升，比赛阶段仍保持高水平。并且还观察到，IGFBP－1 在各阶段都没有显著性变化，而 IGFBP - 3 在第三、四阶段明显高于训练前水平。

多数研究表明，长期抗阻力量训练能使男女性的血清 IGF - 1 水平提高。有学者认为认为，由于女性的低睾酮水平，在训练中，她们更要通过刺激 GH - IGF - 1 轴来提高肌肉蛋白的合成。Borst et al（2001）发现，经过 13 ~ 25 周的抗阻力量训练，男性和女性的血清 IGF - 1 有相同的增长，并且发现大运动量组 IGFBP - 3 明显下降，而小运动量组则没有发现。IGFBP - 3 下降意味着游离 IGF 的增多，有利于肌肉力量的增长，而研究人员的确发现大运动量组的肌力增长更明显。该研究也表明了，引发 IGF - 1 的生物活性发生改变也许需要有一定运动量的抗阻性训练。Marx et al（2001）对女性受试者的研究表明，大运动量和小运动量的抗阻力量训练都会引起血清 IGF - 1 增长。但也有研究表明，长期抗阻力量训练对血清 IGF - 1 水平无影响。Kraemer et al（1999）对青年男性（30yrs）和老年男性（60yrs）进行为期 10 周的大运动量抗阻力量训练，结果发现，训练后两组的血清 IGF - 1 水平均无变化；青年组增加安静时 IGFBP - 3，而老年组并无变化。

2.2　力量训练对血清促分解代谢激素的影响

皮质醇（Cortisol，C）的生物学作用主要是参加物质代谢，维持体内糖代谢的正常进行，保持血糖浓度的相对稳定；同时，促进肝外组织蛋白质的分解，抑制氨基酸进入肝外组织，使血中氨基酸含量上升，加强糖异生；另外，促使四肢的脂肪组织分解进行氧化。包括运动在内的多种应激都可使皮质醇升高，由于皮质醇可通过分解蛋白实现糖异生，提高血糖水平，所以 C 升高被认为是分解代谢阶段标志。

在长期耐力性运动训练过程中，安静时血皮质醇的变化没有获得一致的研究结果，有的升高，有的降低，还有的不变，这主要与运动负荷的安排有关。Houmard et al（1990）研究发现，进行正常训练的男子长跑运动员安静时的总睾酮水平较低，皮质醇水平较高，安静时的睾酮和皮质醇值对减量训练不敏感。Tegelman et al（1990）研究了瑞典国家男女滑雪队各 10 名运动员和同龄未受过训练的控制组受试者（15 男，13

女）非赛季期间的激素水平变化。发现运动员组未见任何过度训练的症状。男子运动员组与控制组之间的激素变量无明显差异，女子运动员组的皮质醇水平明显高于对照组。Witter et al（1996）和 Duclos et al（1997）的研究都表明长期耐力性训练对于安静时皮质醇的影响很小。动物实验方面，Chennaoui et al（2002）研究中等强度训练和高强度训练对大鼠 HPA 轴的影响，发现两种强度训练下大鼠安静时皮质醇含量没有显著变化。

长期应激会削弱下丘脑－垂体－肾上腺轴的反应，主要体现在于肾上腺皮质对 ACTH 的反应性降低，即皮质醇释放阈值的提高。研究表明，长期训练使得运动员的肾上腺皮质肥大，并伴随有线粒体的增多和内织网活性的增强，而线粒体和内织网正是糖皮质激素的主要合成部位。Witter et al（1996）认为这种适应性变化有助于防止高皮质醇症出现，而高皮质醇实际上应反映了 HPA 轴对运动的不适应。Viru（1992）这种变化是肾上腺皮质机能加强的体现，有利于满足非正常活动对内分泌系统的需要。

研究发现，长期抗阻力量运动造成皮质醇的下降或是不变。Mero et al（1990）研究了男少年运动员 1 年训练期间血清激素和运动能力的变化，发现与对照组相比，受试者的速度、速度－力量和无氧能力明显增大，血睾升高，但皮质醇没有明显变化。A. C. Fry et al（1998）研究发现，两周的抗阻力量运动训练造成安静时皮质醇水平降低，并且在抗阻力量训练造成的过度训练中，皮质醇却没有出现像耐力性运动造成过度训练中的升高现象。Kraemer et al（1999）对青年男性（30yrs）和老年男性（60yrs）进行为期 10 周的大运动量抗阻力量训练发现，青年男性安静时 C 无变化，老年男性安静时 C 水平与训练前相比明显下降。女性的情况也是如此，Hakkinen et al 和 Marx et al 的研究都表明长期抗阻力量运动造成女性肌力的明显增长，但对皮质醇的影响并不明显。

2.3　力量训练对合成与分解代谢激素平衡的影响

众多学者认为，测定 T/C 比值，可以了解体内合成代谢与分解代谢的平衡状态，该比值在目前成为公认的评定和监测过度训练、疲劳恢复状况最灵敏的指标。通常认为，比值高时，是机能状态好，对运动负荷适应的表现。当身体疲劳或对负荷不适应时，比值下降。一般认为，当比值与原比值相比，下降大于30%时是过度训练的警戒线。

在长期持续训练过程中，T/C比值一般是先上升，然后保持一段时间，再进一步下降到原来水平或更低，基本呈梯形变化。大量的研究表明，经过一段时间训练后，运动员的运动能力提高，通常会伴随着T/C比值的提高；而在持续大强度训练期后，运动员出现疲劳积累，血睾酮持续下降，皮质醇也保持较高水平得不到恢复，机能下降，此时T/C比值明显下降，而且变化比单一指标更为敏感；而在调整期后，运动员机能状态良好，疲劳得到消除；会伴随着T/C比值的提高。Mujika（1996）研究发现，在12周集训和4周调整期间，运动员T/C、FT/C与其机能状态呈相关关系。

本研究发现，男子运动员在第一阶段训练T/C的变化呈下降趋势，在第二阶段训练中，男子运动员T/C的变化呈上升趋势。考虑到运动员在第一阶段p3是睾酮下降而皮质醇升高，在第二阶段则是睾酮上升且皮质醇上升，显示不同阶段训练使运动员处于不同的应激状态。女子运动员由于第一阶段训练睾酮值的显著性升高，造成T/C值相应的升高，p2，p3的T/C值与p1相比均有非常显著性差异（P<0.01）和显著性差异（P<0.05）；在第二阶段训练中，与男子运动员的T/C变化相似呈上升趋势。研究结果表明运动员在第一阶段以量为主训练中分解代谢是主要方面，而在第二阶段以强度训练时合成代谢即占主要方面。在动物实验中，虽然没有具体计算各组T/C比值，但15%组的低睾酮和高皮质酮明显会使该比值较其它各组为低。提示力量训练使合成与分解代谢激素比值上升，机体内合成代谢与分解代谢的平衡状态向以内合成代谢为主的方向转变，而过度的力量训练会使代谢平衡发生向分解代谢为主的方向逆转。

3. 力量训练对机体分子水平应激反应的影响

3.1 力量训练对骨骼肌热休克蛋白70表达的影响

热休克蛋白（HSPs）又称应激蛋白（SP），广泛存在于原核细胞和真核细胞中。研究表明，所有组织中的细胞通过HSPs的快速合成对各种应激源作出反应。HSPs作为反映细胞损伤指标之一，并可能参与骨骼肌纤维的转换，表明HSPs反映了细胞水平的应激状况。提示在运动训练引起的机体应激中，HSPs可能是联系分子水平应激与系统水平应激和整体水平应激的关键。其中HSP70是最主要的热休克蛋白之一。

HSP70家族蛋白在细胞中普遍存在，它们是HSPs中具有最高温度敏感性和高度保守性的。HSP70在非应激状态下的含量非常少，通常认为其为诱导型的HSP，热休克后HSP70在细胞质中迅速合成，并迁移到细胞核内，与未成熟的蛋白质分子或其它结构结合，可能有利于核小蛋白的稳定。HSP70对细胞受到包括热应激、缺氧和感染等应激因素刺激时有保护作用。这种对再次出现的应激有保护耐受性的获得，主要是通过分子伴侣作用、抗氧化作用、协同免疫作用和抗细胞凋亡作用。

研究已经证明，有多种刺激能够引发HSP70的聚集，这些刺激包括：高温、缺血再灌注、缺氧、能量缺失、酸化和活性氧族（ROS）的形成等等。因为运动能使机体产生相似的代谢环境改变，所以，运动应激能诱导HSP70生成十分正常。

应激后合成的HSP70可以使细胞对下一次热休克刺激的抗性增强，HSP70对细胞受到包括热应激、缺氧和感染等应激因素刺激时有保护作用，对运动应激也是如此。HSPs是机体组织的组成部分，从理论上说当机体适应应激的同时，HSPs也对应激产生适应。liu等在另一篇报道中指出10名优秀的划艇运动员进行4周大强度划艇训练，其股四头肌细胞的HSP70水平在每一周末和训练前相比分别增长181、405、456、363%，呈下降趋势。长期训练会造成HSP对急性运动应答的减弱。Smolka et al研究发现，让经过八周训练的大鼠和未经过训练的大鼠在跑台上跑至力竭，经过训练大鼠比目鱼肌 HSP72 的浓度没有变化，而未经过训练大鼠比目鱼肌 HSP72 的浓度明显升高。Fehrenbach et al 发现大强度持续性运动伴随白细胞 HSP70 表达明显增加，该研究还发现经过训练的受试者与没有经过训练的受试者相比，其 HSP70 运动应答要弱，并认为这可能是对耐力性训练适应的表现。Jae – Keun et al 的最新研究也得到了相似的结论。

本研究发现，模拟力量训练使大鼠骨骼肌 Hsp70 表达呈升高趋势，而且负荷越大，升高就越明显，表明骨骼肌 Hsp70 表达依赖强度的诱导，从而证实了以往的观点。如 Skimore et al 发现不同的肌肉在运动时被利用的程度越大，其 HSP70 表达水平越高，而有的肌肉由于在运动时做功非常少，运动后其外 HSP 含量未发生明显变化。liu 等对 6 名优秀的赛艇运动员进行两个阶段的训练：第一个阶段包括 3 周高强度的训练和 1 周的调整期；第二个阶段包括 3 周低强度的耐力性训练和 1 周的调整期。在每个阶段的开始和结束从运动员的股四头肌活检取样。结果发现，经过 3 周高强度的训练，骨骼肌中 HSP70 明显增长，而随后的调整期，HSP70 又明显回落；而 3 周低强度的耐力性训练后，骨骼肌中 HSP70 无明显变化。骨骼肌中 HSP70mRNA 表达在高强度训练后显著性增长 257%，随后逐渐下降（第一次调整为 194%，低强度耐力训练为 166%，第二次调整为 119%）。

还有研究表明当机体组织细胞受到应激时，HSPs 合成受最大合成量的限制，因而只有下调组织细胞中 HSPs 的基础含量，才能在机体受到有害刺激时最大限度的合成，才能最大限度的保护细胞免受损伤。因此有学者认为，当运动应激超过了 HSPs 的保护范围时，意味着运动损伤和修复的失衡。本研究还发现，模拟力量训练使大鼠骨骼肌 Hsp70 表达有一定的平台期：5% 组到达高位后，10% 组略有下降，但仍处于高水平。而 15% 负重组运动负荷明显过大，超过一定的限度，骨骼肌 Hsp70 水平陡然下降。表明 Hsp70 在一定负荷范围内对骨骼肌细胞起保护作用，一旦超出这个范围，Hsp70 水平也会出现显著性下降，从而失去对细胞的保护作用。至于是什么原因致使 Hsp70 水平也会出现显著性下降，目前并无相关报道，尚需进一步研究。

综上所述，本研究结果证实：力量训练使大鼠骨骼肌 Hsp70 表达呈升高趋势，且依赖强度的诱导；而且 Hsp70 表达有一定的高位平台期，在一定负荷范围内对骨骼肌细胞起保护作用。过度力量训练使大鼠骨骼肌 Hsp70 含量显著性下降，其原因还需进一步研究。

3.2　力量训练对骨骼肌脂质过氧化的影响

脂质过氧化作用是指发生在水饱和脂肪酸共价键上的一系列自由基反应。许多研究结果已经证实，运动过程中脑、心肌、肝脏、骨骼肌组织的脂质过氧化反应发生显著性变化，并影响机体的结构和机能。机体内存在的可消除自由基、减轻其危害的物质主要是抗氧化酶，包括超氧化物歧化酶（SOD）、谷胱甘肽过氧化物酶（GSH – PX）、过氧化氢酶（CAT）。它们通过各自的作用途径，维持着体内自由基产生和消除的动态平衡。超氧化物歧化酶（SOD）是机体氧自由基防御体系中重要的抗过氧化酶，丙二醛（MDA）是机体内脂质过氧化的代谢产物。因此，可通过测定 MDA 和 SOD 了解机体细胞脂质过氧化的严重程度和机体清除自由基的能力。

以往对长期训练对细胞脂质过氧化的影响主要是集中在耐力训练方面，认为耐力训练可以提高机体的氧化能力和运动能力。虽然机体在安静时的自由基代谢水平并不因此有显著性变化，但机体抗氧化酶的活性提高，似保护细胞免受自由基的损害。而关于力量训练对细胞脂质过氧化的影响，尚未发现相关的报道。

3.3　骨骼肌热休克蛋白 70 表达与脂质过氧化的关系

前面已经提到过，HSP70 对细胞的保护作用主要通过 4 个方面进行，抗氧化作用就是其中主要方面。

HSP70 具有抗氧化能力从两个方面表现出来：（1）当在应激时氧自由基（oxygen free radical）增多，通过脂质氧化会对生物膜的液态性、流动性、通透性发生巨大的影响而对细胞及亚细胞器如线粒体、溶酶体等造成破坏。HSP 则可抑制产生氧自由基的关键酶即 NADPH 氧化酶，通过反馈作用减少氧自由基的产生。（2）HSP 可直接释放和增加内源性过氧化酶如超氧化物歧化酶（SOD）水平，由于 SOD 能催化氧自由基发生歧化反应从而除氧自由基，故有细胞保护作用，Das et al 发现缺血再灌注引起了数种应激相关的抗氧化基因的激活，包括 HSP70，Mn - SOD 基因。Niedzwiecki 等在 37℃果蝇中发现 SOD - RNA 水平的增高是与 HSP70RNA 表达的增高相一致的。HSP 在细胞内具有抗氧化的生物活性，可使机体内源性抗氧化剂合成和释放增加，对应激有较强的抵抗作用。最新的研究发现，经过 24 周的跑台训练，大鼠心肌 Hsp72 含量的明显增加，造成心肌总 SOD 和 mtSOD 活性较对照组有显著性的增长。

4. 力量训练中机体整体水平、系统水平和分子水平应激反应的关系

运动训练与运动能力的提高本质是一个适应过程，这已经形成了共识。而运动训练与适应的一般关系如图 5 - 1 所示。

图 5 - 1　运动训练与适应一般关系图

（引自 Viru A. Viru M. 2001）

运动训练后适应的理论基础主要有两个：1）超代偿（超量恢复）规律，2）应激学说。

超代偿规律认为：在运动时能源物质——糖、脂肪、蛋白质和氨基酸的消耗和在运动后其数量的恢复中，存在着超代偿现象；从而提出超代偿的规律。目前，在运动训练中，运动负荷和休息时间的安排仍在应用；运动后恢复期的营养安排，蛋白质，氨基酸的合理补充，合理补糖

和赛前的糖原填充法，增加骨骼肌、肝的糖储量从而提高运动成绩，都是这个规律的具体应用。

应激学说认为：应激反应是一切日常生活中比较少见的强烈刺激所引起的反应，以及随后的生理恢复总称。在当前应激学说在运动训练中的应用，主要是从运动时身体机能变化中的神经－内分泌－免疫系统关系来分析运动训练和身体相适应的关系。目前，从下丘脑－垂体－肾上腺皮质和下丘脑－垂体－性腺轴关系说明科学的训练方法和负荷与提高运动成绩的关系；身体机能与免疫系统的关系也日益受到重视。

超代偿规律和应激学说是从不同方面探讨了运动训练与适应得关系：其中超代偿规律更着重于整体水平；而应激学说更多的是从系统水平的调节入手，但最后必然在整体水平上，在为运动训练提高运动能力的平台上与超代偿规律结合。

随着认识的深入，应激过程中恢复和适应的部分受到了更多的关注，并认为衰竭阶段已经是病理过程，不应包括在生理应激过程中。现代应激学说理论认为生理应激包括三部分（1）机体对刺激的直接反应及代偿性反应；（2）对刺激的部分或全适应；（3）刺激停止后机体的恢复过程。这三个部分互相交错，但需要着重的强调是适应。从而使应激学说更符合运动训练的实际情况，也更容易在实际训练中得到应用。

同时我们知道，运动训练对身体的适应过程应包括各器官、系统和其调节机理，但细胞适应是器官水平的基础。骨骼肌细胞是完成运动的基本单位，故不同运动都可以引起肌细胞产生适应性变化。运动员竞技能力的提高在细胞水平上应具备的三个基本条件是：（1）相适应的细胞结构；（2）相适应的能量保证；（3）相适应的机体调节能力。主要表现为：a. 整体上决定神经系统和运动适应；b. 内分泌系统体液调节和运动适应；c. 免疫系统和运动适应。

本研究运用更新的应激理论作为理论基础，从机体整体反应，内分泌系统的调节与适应，影响细胞变化的关键蛋白的变化等三个不同层次入手，系统地对力量训练的效果和机制进行研究；并且由于运动员能力

第五章　游泳运动员专项力量训练

改善首先是骨骼肌纤维结构和代谢能力改变，而蛋白质是生命活动中完成各种机能活动和活性物质，运动后对蛋白质合成的适应意义尤为重要，本研究的着眼点也在于此。

　　研究结果发现，在机体整体水平反应方面：力量训练造成机体肌力明显增长的同时，体重也呈现一种增加趋势，而且这种体重的增长主要是以肌肉重量的增长实现的，主要表现在参与训练的主要肌群选择性的肥大上，而且这种肌肉重量的增加不是由其单位蛋白含量增加所造成的。由于机体绝对力量的变化高于相对力量的变化，表明绝对力量的变化不完全由其相对力量来决定。表明肌肉重量的大小是影响绝对力量的另一因素。另外，这个适宜的负荷可以通过观测实验对象运动状况来加以初步确定，运动状况就是其机体整体机能反应的最直接表现形式。

　　在机体系统水平反应方面：适宜力量运动训练能引起男女机体血清合成激素的提升，但过度的力量训练也会造成合成激素水平的下降；力量训练也能造成机体血清分解代谢激素水平的上升，过度的力量训练使其持续处于高水平。所以，力量训练使合成与分解代谢激素比值上升，机体内合成代谢与分解代谢的平衡状态向以内合成代谢为主的方向转变，而过度的力量训练会使代谢平衡发生向分解代谢为主的方向逆转。

　　在机体分子水平反应方面：力量训练使大鼠骨骼肌 Hsp70 表达呈升高趋势，且依赖强度的诱导；而且 Hsp70 表达有一定的高位平台期，在一定负荷范围内对骨骼肌细胞起保护作用。过度力量训练使大鼠骨骼肌 Hsp70 含量显著性下降，其原因还需进一步研究；力量造成骨骼肌 MDA 水平的显著性提高，且依赖负荷的诱导，而对 SOD 影响并不明显。并提示：过度力量训练使骨骼肌脂质过氧化程度急剧升高，抗氧化酶活性的减弱可能是一个重要原因；HSP70 具有抗氧化能力，而骨骼肌 Hsp70 水平和脂质过氧化程度变化趋势的存在显著性负相关。

游泳运动科学训练与监控

134

第三节 力量训练的可操作实践

本节讲述游泳专业训练计划，目的在于发掘运动员的游泳潜质。主要的手段就是增加身体各个部位的力量、爆发力、能量、耐力和柔韧性。这些对于游泳都是十分重要的。下面每项计划的制订都可以提供给运动员一些打败对手或表现优于对手的优势。遵循下面的计划，运动员可以增加肌肉的力量，耐力和爆发力，能量和灵敏性。当比赛季开始的时候，运动员在体力上和精神上会准备充分，表现出最高水准。这些计划的设计为：当赛季开始时运动员在比赛中将处于巅峰状态，并且整个赛季，都将可以保持力量和能量供应。比赛淡季安排了一周四天，每两天分开练习并伴有一天休息的训练计划，这就意味着运动员可以在两次训练课的过程中充分的锻炼全身肌肉，淡季时进行基础的力量训练，赛季前的常规计划目的在于进一步增加运动员的身体潜质，使运动员在比赛中能达到力量和能量的高峰，最后赛中的计划设计目的在于保持运动员之前的水平，并且避免过度训练。下面我们为运动员提供了一些发展身体的素质和激发运动员游泳潜力的最好方法、方案和策略。

1. 比赛淡季训练

在任何一项目中，淡季就是给运动员一个时间去锻炼肌肉，使它们更有力，并且增加肌肉耐力。淡季的训练计划由一周四天循环的常规计划组成，目的是增加运动员的肌肉耐力和爆发力。第一和第三项常规计划锻炼运动员的体力和肌肉耐力，而第二和第四项是为了加强运动员的力量和爆发力。在开始的两个周的四次训练后，一定要有一周的时间不去进行力量训练。确保使运动员的肌肉充分休息，并变的更强，以便为后二个周的训练做好准备。多变性对一个训练计划的实施是非常有效的。不断的改变训练方式会使运动员受益匪浅，身体最终会对任何变化产生适。因此当运动员训练停滞不前或力量达到顶峰，改变运动员的常规训练计划是非常重要的，每四周改变运动员常规训练计划是运动员进行下一项计划最有效的时间段。

2. 肌肉的耐力训练

淡季的第一和第三常规训练周是为了增强运动员的肌肉耐力。肌肉耐力训练与力量和能力训练有很大的不同。力量训练锻炼肌肉的大小、体积和力量，能力训练锻炼爆发力、速度、和注意力。耐力训练锻炼体力，主要是使肌肉长时间工作而不疲劳。耐力训练需要重复许多较慢的动作进而锻炼慢肌纤维。

耐力训练的关键点如下：小重量、高次数，恰当的耐力训练方法要求运动员重复多次举起小重量，理想的重量应该是少于一次最大力量的60%为宜。重复的小力量训练增长运动员的肌肉耐力或者可以使肌肉在超过时间限制的情况下保持高水准，任何额外的重复练习都会帮助增加肌肉的耐力。一般来说，至少重复20次的力量训练才应该被考虑用作训练肌肉耐力。

大负荷和精力集中：任何有目的性的训练，大负荷和精力集中是必须的，耐力训练也不例外。为了最大限度的进行耐力训练，要求运动员必须呼吸恰当，练习动作流畅，有节奏。

恰当的呼吸：呼吸恰当对耐力训练非常重要，在一次又一次的重复完成练习过程中，机体的本能会使运动员屏住呼吸，确保每一次放下重物做离心运动时吸气，举起做向心运动时呼气，记住不要屏住呼吸。

流畅：有节奏的举起重物：耐力训练时，在消极用力放下的部分应至少持续2秒钟；而举起，积极用力的部分应至少持续1秒，目的是从开始到最后一秒保持这个节奏达到好的效果。

短暂的休息时间：要达到最好的耐力训练效果，最好是使每次动作间歇时间变短，这会使耐力训练达到较好的效果。两次练习间歇不要超过60秒。

3. 爆发力训练

第二和第四个常规训练计划主要是为了锻炼速度和爆发力。爆发力训练的重点是：中等重量，中等次数：体能训练与力量训练不同，力量训练最好是负重大，次数少，相比，体能和爆发力的训练最好是降低负荷采取每组 8 ~ 15 次为宜。

力量训练应负重大约是最大力量的 70% 为宜。

速度和强度：体能训练的目的是为了增加在负重下的速度，在增加负重前，如果想在向心收缩或用力的积极部分增加速度，开始时发现负重太大，应该查询《什么时候增加负荷》这本书。

尽管如此，某些训练手段，像可能导致受伤的速度和强度训练时被禁止的，或者是因为快速的动作反而不如慢动作有效。在我们的计划中负重时被禁止的速度和强度在一起训练的是：

❋ 腰背练习（lower back exercises）

❋ 环转练习（rotator cuff exercises）

大运动量和力量练习相似：放低重物即离心运动时应缓慢，持续 2 秒。不同之处只是在向心收缩部分，当进行体能训练时想尽可能快，有爆发力的举起时，动员运动员身上能够收缩和移动的快肌纤维，从而达到增加速度的目的。在体能的常规训练计划中，应该在每组的每次向心收缩过程中，保持一定的强度和速度，切记欲速则不达。

体能训练：某些练习把速度和强度相结合实施时非常有益和有效的。在体能训练的循环阶段，应该结合几种运动形式来增加耐力。从而确保运动员在完成第一轮爆发力训练时，能在不损失耐力训练成果和有明显爆发力和体能增加的情况的前提下，开始第二轮的耐力训练计划。

4. 赛前训练（淡季开始的前 5 周）

当赛季开始时，运动员身体状况必须处于巅峰期。淡季的常规训练计划是为运动员构建一个力量、速度、耐力的坚实基础。赛前的常规计划就是把运动员带入下一个水平。进而使运动员尽可能的强，进入赛季，运动员的耐力必须练到不把疲劳当回事。

赛前的任何常规计划都是构建体能的练习。负荷缓慢流畅，举起负荷伴随强度和爆发力，在赛前计划里要求运动员完成许多超负荷的练习（一组两个练习，做完一个不间断，直接做下一个）。在进行超负荷的练习时，每完成 2 组休息一下。超负荷的训练强度很大，对耐力的培养是很有帮助的。

随着锻炼时间的积累，每组练习的次数减少而负荷增加了，可以在体能和耐力训练中穿插小部分的力量训练，体能是力量和速度的一部分，增强任何一个均可以提高运动员的整体能力，然而增加力量会使运动员的体能更强，它包括所有 3 种训练形式，这个计划体系是为了锻炼耐力，锻炼时增加负荷是为了增加力量。

游泳赛前计划

目的：耐力、体能、力量

形式：传统训练

频率：一周 4 次，每 2 天休息一次

次数、组数：

第一周和第二周　　　　2 组　15 次

第三周和第四周　　　　3 组　12 次

第五周和第六周　　　　4 组　8 次

5. 赛季训练——保持训练

赛季中，首选的训练方法就是保持法。赛季中的训练主要是保持运动员在淡季的训练成果。注意不要过度训练而疲劳。当疲劳时，运动员能力和表现会下降的很明显。一周超过此力量训练和每天练习的训练对许多人来说已经是超负荷了。

为了保持运动员在淡季训练所得的耐力和爆发力，赛季中的保持训练要求运动员一周 2 天进行专项肌肉群训练。这种训练形式是一周 2

次，因为这是要保持运动员从前的训练成果最少的天数。一周一次的训练会减少以前的训练成果。赛季中的常规计划包括维持耐力，力量和爆发力的训练。因此在这个赛季运动员的素质不会降低游泳赛季计划——保持训练每周 2 天。

6. 怎样减小在各种项目中的顽固膝伤

6.1 能使膝部变强和避免突然受伤的基本练习方法

＊ 单膝屈

把弹性阻力装置的末端固定在椅子背后，受试者应该用有伤的脚站立，并把阻力装置固定在脚下。受试者用一只手放在椅子背后保持平衡，用另一只手握紧弹性阻力装置的另一端，并把阻力装置拉伸到腰部。受试者应该把膝盖弯曲到 1/3 处，然后回复到有轻微的弯曲即可。

＊ 双膝屈

这个练习于单膝弯曲的方式是一样的。只是受试者要把双脚放在弹性阻力装置的中间。这个练习要求双膝弯曲并保持弹性阻力装置的末端与腰同高。

＊ 压 腿

受试者应该坐在椅子上用弹性阻力装置的手柄把球放在受伤脚的一边上。受试者握紧弹性阻力装置得另一端一边施加阻力（可变性的）但是应把装置于受试者的膝盖拉紧，并尽可能的收髋。受试者应向下压腿而不是伸腿，并且使膝关节在膝盖和髋关节弯曲时沿受试者胸部还原。

＊ 拉伸韧带

弹性阻力装置应被固定在墙上，大约 30cm 就可以了。把另一端连到受试者受伤的脚后跟上并连一条带子。受试者应坐在椅子上把受伤的脚放在地上。膝关节弯曲大约 20 度。弹性阻力装置要拉紧。受试者应沿着地板向后尽可能的拉脚，然后轻轻的举起并还原到起始位置。

✳ 两边跳

弹性阻力装置应被固定在墙上大约 120cm 处，另一端用一条纽带绕过腰连在受试者有伤脚的一边。受试者应从弹性阻力装置拉紧的位置开始，这个练习涉及到受试者想侧面跳出大约 1m 而且每次只能用一只脚跳。受试者克服阻力用有伤的脚向一面跳出然后着地，再换脚借助拉力跳到另一边，最后完成循环还原用有伤的脚着地。

6.2 康复练习

EMG 资料的研究发现了一个膝关节的康复进展练习。这个练习可以通过增加肌肉的活动或增加阻力来完成。

病人可以在手术后紧急期 1~3 天带上护膝来屈膝并且限制在 10~90 度之间在康复早期除了屈膝练习还应该穿插压腿和拉韧带。中期 8~12 周和后期 12~20 周的康复进展归功于手术后紧急期的练习。中期康复阶段包括从开始阶段和单膝弯曲到疲劳阶段的练习。后期又加上两边的跳跃练习。

✳ 活动（小量）

康复后期的完成阶段，病人们应用弹性阻力装置做一个功能测试，这个练习包括 3 分钟的双膝屈，3 分钟单膝屈和 50 次两边跳。能成功并且无痛的完成测试仪为这他们可以进行其它功能活动的练习。比如：慢跑、网球和溜冰。

✳ 对抗练习

对抗练习时病人要注意如果股四头肌的加强练习中，膝关节的弯曲小于 30 度，不要对前面的十字交叉韧带施加过多的压力。因为髋关节结合处只能承受住超过 60 度的膝关节弯曲练习。

（韩丽娟　闫会萍　黄文聪）

参考文献

1. 田野. 运动性骨骼肌疲劳机理研究 ［M］. 北京体育大学出版社，1998

2. 冯炜权. 运动性疲劳和恢复过程几个理论研究概况和应用 ［J］. 体育科学，

1992: 12 (3): 53~58

3.（俄罗斯）尼·日·布尔加科娃著，迟爱光译. 游泳训练学. 广东省体育科学研究所

4. 冯连世，冯美云，冯炜权. 优秀运动员身体机能评定办法. 人民体育出版社，2003

5. M. Moran et al. Responses of rat myocardial antioxidant defences and heat shock protein Hsp72 induced by 12 and 24 - week treadmill training. Acta Physiol Scand 180, 157~166, 2004

6. Hakkinen et al. Neuromuscular adaptations and serum hormones in women during short - term intensive strength training. Eur J Appl Physiol. 1992; 64; 106~11

7. Marx et al. Low - volume circuit versus high - volume periodized resistance training in women. Med. Sci Sports Exerc. , Vol. 33, pp. 635~43, 2001

8. A. Viru. Plasma hormones and physical exercise. Int J Sports Med 1992: 13: 201~209

9. abric et al. Fine structural changes in electrical stimulation human skeletal muscle. Euro J of Physiolog,: 1~5, 1988 (5)

10. ote et al. Isokinetic strength training protocols: do they induce skeletal muscle fiber hypertrophy? Arch Phys Med Rehabil, 69: 281~285, 1988

11. Esselman et al. Torque development in isokinetic training. Arch Phys Med Rehabil, 72: 723~728, 1991

第六章　游泳运动员的高原训练

　　高原训练作为提高运动能力的一种训练方法和手段，已经走过了近半个世纪，并且逐渐在世界范围内得到了认可。高原训练可视为一种特殊环境条件下的强化训练，它可使运动员承受到在平原难以达到的训练强度，使机体更加接近人体极限负荷，而由此产生的生理适应机制，则将更深入地挖掘人体机能潜力。运动员一旦顺利地通过高质量的高原训练，回到平原后则将产生更大的生理上的超量恢复，运动能力将会得到显著的提高，这就是高原训练的利益所在。

　　游泳高原训练是以提高运动员身体机能和运动水平为目的，有计划地组织运动员到具有适宜海拔高度的缺氧地区，进行定期专项训练的方法。高原缺氧环境对机体本身是一种刺激源，其气压低、含氧量少等一系列外环境对人体各器官系统都会产生不同的影响。如果在此环境中对机体施以训练负荷的刺激，其应激反应将更加强烈和深刻。因此，游泳高原训练被认为是一种在特殊条件下进行的游泳强化训练。正因如此，近些年以来，各国的游泳运动员和教练员每年均上高原进行一次或多次高原强化训练。以期获得较高的训练水平，创造优异的比赛成绩。

　　然而，游泳高原训练出于其环境的特殊性和运动员本身的差异性等因素，造成了其训练效果的不确定性，一个时期以来游泳高原训练成功和失败的例子已屡见不鲜。这是因为高原训练涉及到高原训练的适宜高度、训练负荷的控制、高原训练的持续时间以及上下高原的准备训练阶段的过渡、衔接等多种因素。目前，游泳高原训练的理论和实践仍处于发展阶段，还有许多问题尚未被充分认识和掌握。因此，我们的目的就在于对游泳高原训练的实践进行分析、讨论、探讨并归纳其训练的客观规律，分析认识其可能的个性化规律，积极发展游泳的高原训练水平，充分发挥我们优异的高原训练基地优势。

　　我国游泳运动的高原训练有着近三十年的历史，在广大的游泳教练员和体育科研人员的辛勤工作和一代又一代人的孜孜不倦的努力下，积累了大量的高原训练经验和科研数据。我国的游泳事业的发展从高原训练中，得到了极大的收获。近十年来，国际上关于游泳的高原训练的理论和实践有着巨大的发展，出现了所谓的"高住－低训法"，"高住－高训法"，"低训－高住法"等等众多的理论与实践的探讨。对于高原训练在游泳运动中的应用，由"粗放型"实践，逐步转向"精琢式，集约型"探索发展。传统的游泳运动先进代表国家，如日本、俄罗斯、美国等对于高原训练，形成了一系列的成熟的理论与方法。为此，我国的高原训练专业科研人员和游泳科研人员进行了大量的信息收集和理论分析。

　　2008 年的北京奥运会，是我们千载难逢的机遇，我们一方面要在自己的家门口，在 13 亿人民的面前，展现中国游泳人的豪气和志气，另一方面要充分利用自己的主场，发挥举国体制优势。为此，首要的是，在自己的思想观念上有一个突破，在认识水平上有一个发展，在实际手段上有一个提高。目前，我们必须坚持游泳高原训练的基本手段，发挥游泳高原训练的优势，打破长期以来游泳高原训练的陈旧观念。

第一节　游泳运动员高原训练的科学化分析

　　游泳运动员的高原训练能提高运动员平原成绩的观点，在国际上越来越得到认可，并获得了明显的效果。有些人把高原训练称为"冠军摇篮"。通常认为高原训练的理论和实践分成四个阶段：

　　20 世纪 50 年代中期至 60 年代末，为高原训练的基础阶段；

　　20 世纪 70 年代至 80 年代中期，为高原训练理论和方法的完善及发展阶段；

　　20 世纪 80 年代末至 90 年代，为高原训练的迅速发展期；

20世纪90年代末，高原训练进入多样化，个性化和精准化的时期。

由于信息的沟通迅速，基本的高原训练手段已无秘密可言，从而造成高原训练的方式不拘泥一种方式，而是针对具体的地区、条件和项目特点形成自己独特的价值。目前高原训练出现高住高练、高住低练、间歇性低氧训练、高低交替训练法、低住高练、低住高练等多方法。

但总之，传统的在高原地区进行高原训练仍然是公认的基本手段，所谓的传统的高原地区训练（Living high – training high，Hi – Hi），又称持续性低氧训练法，是一项传统的训练方法；运动员可固定在某一个海拔高度上进行训练。持续性低氧刺激，虽能出现显著的应激反应，并产生一系列有利于提高运动能力的抗缺氧生理效应，但在长期低氧环境下持续性高强度训练可造成缺氧性损伤。因此高原训练是一把"双刃剑"，我们要用好这把"双刃剑"，使之成为我们的强大武器。

1. 游泳运动员高原训练的适宜海拔高度

1.1 高原的概念

地理学上，对于高原有着明确的概念：海拔较高、起伏较小的大片完整高地，我们称之为高原。

而训练学上的高原概念，除要考虑地理上的分类以外，更多的是从训练的角度出发。翁庆章、钟伯光（2002）结合了地理和运动训练学，将1000到3000米的大片高地称为高原。

1.2 高原训练的高度划分

目前，关于高原训练的高度划分，国内外学者的观点尚不能达成一致。

乌尔里希（Ulrich，1990）的意见可将高原训练划分为：

1）0～2000米　　　　　　无反应地带

2）2000米　　　　　　　左右身体适应初期

3）2000～3000米　　　　完全代偿地带

4）4000 米　　　　　　　左右身体干扰期

5）4000～6000 米　　　　不完全代偿地带

6）6000 米　　　　　　　左右临界初期

7）6000～8000 米　　　　临界地带

8）8000 米　　　　　　　左右死亡地带

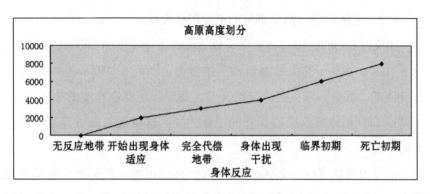

图 6 - 1　高原训练高度的划分（引自 Ulrich，1990）

布什基克（Buskirk，1967）认为海拔 1500 米为一个高度阶梯，超过这一高度，人体的最大摄氧量每升高 100 米呈线性下降 1％。

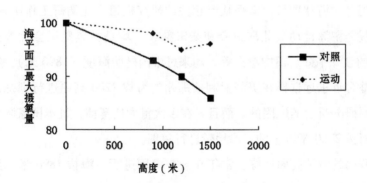

图 6 - 2　不同海拔高度时最大摄氧量的变化

莱文（Levine，1992）综合研究了人体对于不同海拔高度的反应，提出了高度阈（threshold altitude）的概念，他认为此高度阈为 2200～2500 米，超过了 2500 米，随着高度的增加，身体反应会越来越大，将出现急性高原病或严重缺氧症状，导致代谢紊乱、肌肉质量下降、体重减轻。

翁庆章与钟伯光（2002）建议，对于高原训练的高度划分，需要从地理学、运动生理学、运动训练中的实际运用以及兼顾与国际接轨等条件，通过专题会议的研讨来加以认可。

1.3 游泳运动员高原训练的适宜海拔高度

莱文（Levine，1992）报道高原训练的最佳高度为2000m～2500m，低于2000m不利于充分挖掘运动员的潜力，而高于2500m训练，运动员机体难以承受训练负荷。与此同时，高原训练存在高度的个体差异，尤其是EPO对低氧反应有显著的个体差异，这可能与海拔高度和遗传因素有关。

田径项目在2000～2500米高度间的高原训练，返平原后在第4至第5天或第10～14天进行比赛可能会获得较好的效果。格日力教授根据美国的田径高原训练的研究，提出2000米以下的高原训练不是真正意义上的高原训练。中国田径中长跑、马拉松的世界冠军均在2366米高原进行训练而获得成绩提高。

但针对游泳项目，似乎缺乏相关的研究报道。在调研工作中发现，日本优秀游泳运动员北岛康介和柴田雅衣（均是雅典奥运会金牌获得者）的教练平井、田中孝夫等，均来过中国昆明海埂（1890米）考察，但最终舍近求远选择在美国亚利桑那州的海拔2200高原进行训练，这是有科研分析上的原因的。而且，在多次重大比赛前，日本国家队均选择在海拔2000米以上的高原地带进行集训。

我国的游泳高原训练，常年在云南海埂进行，海拔1890米，为此积累了大量的科研数据和资料，高原训练效果得到充分的肯定，但纵观世界各个体能项目强国（田径、游泳），我们的中长距离项目的游泳成绩，始终落后于日本运动员，达不到世界先进水平，这值得我们深思。

因此，我们认为，2000米以下的海拔高度对年轻运动员以及无高原训练体验的运动员有很好的训练效果，而对于多次进行过1890米高度训练的运动员，其最佳的高原训练的高度在 2000～2500 米。

2. 游泳运动员高原训练的影响因素

2.1　不同高原训练的目的影响因素

　　典型的目的决定了游泳运动员高原训练的手段和训练节奏的安排，也决定了高原训练的多样性和高原训练的保障以及高原训练的评价的适应性。而游泳运动员的机能状态和运动能力的变化影响了不同阶段的高原训练的方案。即使是对同一个个体，在不同时期进行高原训练也必须辩证、综合的分析个体当时的具体情况和训练比赛具体要求，制定相应的高原训练方案。

表 6 – 1　我国游泳高原训练的目的分布情况

高原训练的主要目的
1. 提高运动员的有氧耐力；
2. 缩短训练周期，以利于下一阶段的训练和比赛；
3. 提高运动员的抗缺氧能力（高乳酸承受能力）；
4. 改善生理机能，发展一般身体素质，提高运动员的运动能力；
5. 为了改变训练环境，调节运动员的心理疲劳，提高运动员训练的积极性；
6. 检查运动员的身体机能状况（在平原训练暴露不出的问题，可能在高原能暴露出来）；
7. 其它（增加训练难度；提高专项素质等）

2.2　不同高原训练时期的影响因素

　　游泳运动员的高原训练存在着不同时期的内容。通常不同时期的高原训练与不同目的高原训练是相结合的。游泳高原训练常规将高原训练的不同时期划分为：

　　1）基础训练期的高原训练，多为冬训期的高原训练，偶尔有夏训期的高原训练；2）赛前高原训练。

此两类高原训练的目的不同，训练的安排、手段以及效果评价也就不同。对于基础训练阶段（如冬训）的高原训练安排中，统一的方式和方案的实施效果理想，但对于赛前的高原训练，需要更多的考虑个性化的问题。

日本游泳的高原训练目的大多数是为了备战大赛而进行赛前的高原训练。平井（北岛康介的主管教练）十分重视高原训练，重大比赛前几乎都安排高原训练。而铃木对于一年中的高原训练安排的次数则慎重态度，他认为，在短时间内过多的高原训练，其带来的副作用较多，而且不利于运动员疲劳的恢复。

2.3 不同高原训练水平运动员的影响因素

高原训练是一种训练手段，对于游泳运动员的身体机能影响是深刻的同时由于高原环境的影响，对游泳技术训练有一定的干扰。因此，对于技术尚不成熟，技术稳定性较差的运动员，实施高原训练，必须慎重。

2.4 不同高原训练安排的影响因素

日本游泳界对高原训练的安排存在两种形式：一种认为高原训练在上高原前进行大量的有氧练习准备，高原上训练三周，下高原一周比赛。其依据为日本东京大学宫下充正教授为代表的学者在研究中发现，高原训练后一周运动员的血色素水平处于高峰。日本国家队在2005年世界游泳锦标赛前的高原训练中采用了这种方式。之所以采用这种方式，主要是因为上山前与美国国家队进行了一场对抗赛，为的是检验运动员的准备情况，随后在亚利桑那进行三周高原训练，分成9组各自安排训练手段。下山8天比赛（北岛下山10天比赛）。这种安排在2005年世界游泳锦标赛上是成功的，37名运动员中35名的成绩是理想的。另两名运动员不理想也是有特殊原因的，其中一位脚踝受伤，基本没有训练。反之，田中则认为柴田亚衣没有获得400、800米自由泳金牌，主要是下高原的时间有问题，8天时间不够运动员调整时间，从北岛的实际表现看，可以认为是成功的。

游泳运动科学训练与监控

另一种看法，也是主流认为高原训练需安排三周，下高原三周后比赛，主要依据是运动员在高原训练后，能力和血色素水平都得到了提高，而在肌肉和大脑中存在的大量疲劳积累记忆也需要三周才能恢复。尽管三周的调整，使血色素水平恢复到高原训练前水平，但运动员的能力提高确依然得到保持。

值得注意的是，下山后的比赛时间，三周、两周或一周，关键在于高原训练的安排。下山时间距比赛时间短，在高原就要注意强度不宜过大，在高原的后期就要进行调整，以弥补下山调整地时间过短。如果下山时间距比赛时间三周，在高原训练的强度可以大，甚至可以安排高原训练平原化。

2.5 不同高原训练手段的影响因素

日本国家队教练平井多次上高原训练，但每次高原的训练安排均在不断地变化。在北岛高中和大学一年级时，采用大运动量训练，强调重力量练习。随着年龄的增大，逐渐采用大强度、小运动量，即两头供能训练。低速技术训练、动作分解训练和高速大强度训练成为主导。陆上力量训练多采用快速力量，重力量训练很少采用。在 2000 年采用重力量训练，导致北岛肌肉发达，但水中的速度反而下降，采用快速力量训练后，绝对力量下降，但水中速度却得到提高。日本公开赛后，平井又率北岛康介、中村礼子等运动员赴美国亚利桑那进行高原训练。依旧如前，平井仍然对高原训练进行新的尝试。

2.6 不同下高原调整训练安排的影响因素

下高原训练的合理性非常重要，关系到运动员高原训练效果的正常发挥。下高原第一周，血色素较高，能力也强，可以出现一过性的游泳成绩提高的现象，但由于运动员的身体机能不好，疲劳堆积，其游泳成绩提高的现象很快就消失，难以掌控。两周后进入稳定期。日本游泳界认为下高原后第一周，运动员的肌肉疲劳严重，尽管血色素处于高水平，但由于肌肉的问题，在第一周进行高强度训练或比赛，难以发挥成绩，第三周时，运动员的疲劳经过合理调整，得到恢复，而神经、内脏、肌肉能力依然保持良好的运动能力。

3. 国内外游泳高原训练的发展

康西尔曼于 1965 年进行了"高原训练对游泳成绩的影响"的专题探讨。他研究了游泳运动员不同比赛距离的成绩，其中包括 50 米蝶泳、200 米蛙泳和 400 米自由泳运动员的高原训练后的专项成绩。同时探讨了不同距离、不同训练形式的间歇训练和重复训练的时间，观察了运动员每次每组训练后的心率恢复时间，以及训练强度和血乳酸的关系。研究结果认为，游泳运动员对高原的适应性存在个体差异。

民主德国从 1968 年起，把高原游泳训练列入常规训练之一。美国游泳运动协会运动医学部指出，高原训练对平原比赛有益。前苏联谢拉非莫娃提出，游泳运动员在准备期的高原训练，可以发展有氧代谢能力。运动员下山后，承担训练负荷的能力会增强。波波夫和潘克拉托夫在西班牙高原基地训练后，在亚特兰大奥运会上分别取得了 100 米自由泳和蝶泳的金牌。下表是较为经典的高原训练和相关的研究。

日本游泳界从 1965 年墨西哥国际比赛期就开始进行高原训练，至今已有三十多年历史。日本可称是国际上积极进行游泳高原训练具有代表性的国家。

1982 年以后，每年国际比赛及 4 年 1 届的奥运会赛前日本游泳队都进行高原训练。如为备战 1984 年洛杉矶奥运会，探讨高原训练与提高运动成绩的内在机制，在东京大学宫下充正教授领导下，日本国家游泳队在墨西哥、美国连续进行了多年实战性的高原训练攻关研究。

1988 年 8 月 18 日～9 月 10 日，日本 7 名运动员（3 男 4 女，其中有铃木大地、西冈山惠等）在美国亚利桑那州 2150 米高原集训。训练结束后返回东京，然后再赴汉城参加奥运会（铃木大地在汉城奥运会上获 100 米仰泳金牌）。

表6-2　不同国家和地区高原训练的时间和高度

报告者	国家	高度（米）	时间	日期	地 点
谢拉菲莫娃	前苏联	2000		1972	
克劳斯	前东德	2200	3~4 周	1973	保加利亚贝尔梅肯
	法国	2850	4 周	1979	亚美尼亚
美国泳协	美国	1884	3~4 周	1982	
池上晴夫	日本	2400	2 周	1984	墨西哥
翁庆章	中国	1890	3~4 周	1986~1997	昆明
宫师	日本	2194	3~4 周	1999	美国弗拉格斯塔夫
罗伯特	加拿大	2225	3 周	1992	
钱铭佳	中国香港	1890	3 周	1992	昆明
马蒂诺	美国	2800	3 周	1995	厄瓜多尔基地
	俄罗斯	2320	3~4 周	1996	美国弗拉格斯塔夫
迈克尔	澳大利亚	2134		1996	美国弗拉格斯塔夫
迈克尔	美国	2194		2000	美国弗拉格斯塔夫
迈克尔	荷兰	2194		2000	美国弗拉格斯塔夫

（引自翁庆章，2001）

20 世纪 90 年代以来，日本继续推进高原训练。1990 年 2 月，4 名日本游泳运动员为备战北京亚运会和巴塞罗那奥运会在法国（1850 米）进行了 10 人的高原训练，后 4 人都刷新了本人最好成绩。

1996 年奥运会前，日本国家队在美国弗拉格斯塔夫高原基地训练。

1998 年为备战亚运会，日本队于 11 月又到美国亚利桑那州 2134 米高原训练后参赛，田岛宁子（17 岁）获曼谷亚运会女子 400 米混合泳冠军 4 分 39 秒 92。

2005 年蒙特利尔世界游泳锦标赛前，整个日本队在美国亚利桑那州高原训练 4 周，下高原后 10 天参加比赛并获得较好的成绩。

值得一提的是日本游泳界一直重视高原训练与科研相结合，先后得到东京大学的宫下充正教授等科研人员的大力支持，这也是他们获得成功的原因之一。

表6-3　日本游泳队高原训练的信息

时　间	地　点	目　　的
1965 年	墨西哥	
1984 年	墨西哥、美国	洛杉矶奥运会
1988 年	美国亚利桑那（2150 米）	汉城奥运会
1990 年	法国（1850 米）	北京亚运会、巴塞罗那奥运会
1996 年	美国弗拉格斯塔夫	亚特兰大奥运会
1998 年	美国亚利桑那	亚运会
2005 年	美国亚利桑那	蒙特利尔世界游泳锦标赛

（引自翁庆章，2002）

4. 中国游泳高原训练的经验和教训

我国游泳高原训练始于1974 年5 月，国家游泳集训队8 人在兰州（1500 米）进行了两周高原训练尝试，回到北京后半数人达到本人最好水平。具体的安排为：第1 周为适应性训练，但第2 周末还未达到平原的体力水平。在第2 周末的实战训练中100 米的前75 米可达到平原的速度，后25 米则达不到，高原对速度耐力的影响明显。第2 周中等强度游400 米时后程感到憋气，游3 组1050 米，其中一组较慢的1050 米游比平原每50 米慢3～4 秒。第1 周末10100 米游速为中等水平，但身体感觉都是游强度反应。

1983 年夏，国家游泳集训队12 人及北京队11 人在昆明进行了两个半月的高原训练，下山后在第五届个运会上多数队员未游出本人水平。总结这次高原训练失利原因，主要是在高原时间偏长，消耗过大，此认识在以后多次高原训练中得到加深、明确。也曾经进行为期2 周的高原训练，但效果均未达到理想点。横观世界各游泳大国的高原训练，他们所采用的周期基本在 3～4 周。

1986 年，前民主德国教练员克劳斯来我国指导训练，他认为一名优秀游泳运动员至少要有 10 次高原训练的经历，一名优秀教练员要有 20 次以上的高原执教体验。此后国家集训队部分队员每年去高原 2～3 次。

90 年代中后期，我国已拥有一批经过 20 次以上高原训练的教练员和运动员，执教最多的达 30 次以上。1986～1992 年参加高原训练的游泳人员最多，也出现了一批好成绩，见下表：

表 6 - 4　我国游泳运动员 1986～1996 年高原训练情况

赛　事	时间	人数	比赛成绩
亚洲锦标赛	1988	23	13 金 3 银（69.5%）
汉城奥运会	1988	17	6 银 4 提高（58.5%）
北京亚运会	1990	20	14 金 1 银（75%）
24 届奥运会	1992	7	3 金 3 银（85.7）
汉城亚运会	1996	10	8 名金牌（80%）

（引自翁庆章，2002）

90 年代后期，由于新老运动员、教练员交接，优秀队员去高原训练的人数少了，但此期间广东、上海、河南、山西、四川、天津等省市的运动员仍经常赴高原训练。为了引起各地教练员对游泳高原训练的关注，国家体育总局游泳运动管理中心于 1999 年夏，在昆明海埂游泳基地举办了为期 3 天的培训班，以期推动高原训练的进一步开展。

2004 年、2005 年在总局的领导下，游泳中心的全面推动下，北京体育大学游泳运动管理中心科研工作站的积极配合协助下，国家游泳队展开多手段、多人次和多方案的大规模具有实战性、全面性、体现个性化的高原训练探索研究。中国国家游泳队在 2004、2005 两个年度的高原训练的观察研究表明，对于中长距离游泳项目的运动员冬训期间的高原训练，其高原期时间在4周，而对于中短距离游泳项目运动员的高原训练，高原期为3周。赛前高原训练的高原期可以较冬训高原训练短3天。一个有计划有准备的完整的高原训练周期，必须包括高原训练前期，高原训练期和高原训练后期三部分组成。尤其是高原训练前期的积极准备对高原训练的效果有着重要的意义。

4.1　游泳运动员高原训练的阶段重点问题

结合文献研究，我们在2004、2005年两个周期的高原训练研究认识到一系列我们关注的阶段重点问题。

对于高原训练期的3～4周训练，我们曾经没有考虑到不同周的重点不同。2004年2月的高原训练期，由于缺乏针对的不同时期的阶段重点，结果在高原训练结束后，运动员的力量缺失严重，而有氧能力提高不足，运动员以不同形式表现疲劳，易感冒等情况。为此我们认为，高原训练的不同周存在不同的重点要求。对于冬训阶段的高原训练，关键在第3周，而对于赛前高原训练，关键在第2周。冬训期间的高原训练在第3周体现运动强度和量的结合峰值。赛前高原训练在第二周体现短促强度刺激。但疲劳的恢复就凸现重要。

2005年冬训高原训练中，国家游泳队中长距离组充分关注高原训练不同阶段的重点问题，运动员在整个高原训练期间训练有张有弛，疲劳消除迅速。在2005上半年的赛前训练中，运动员过渡平稳，4月的哈尔滨比赛上成绩良好。

4.2　游泳运动员高原训练的强度控制问题

多项研究表明，高原训练的强度控制是游泳高原训练的成败关键因素之一。强度的控制，涉及到运动员个体的训练水平、比赛项目的要求、下山训练的安排衔接等方方面面因素。

我们可以肯定，高原训练强度对游泳运动员机体的刺激影响极其大。强度的过度，可能会出现过度疲劳的问题以及运动性尿潜血等问题，从而可能导致高原训练的失败。但如果强度过小，运动员专项力量丢失严重，训练无效。高水平运动员对强度要求相对要高，而青少年运动员则可以在相对较低的强度上寻求有氧能力的刺激。在高原训练的中后期（第3周，或第4周上半周）可以适当进行大强度的训练，短距离项目（50米、100米等）可以达到平原训练强度，而相对长距离的项目训练强度要递减。

表6-5 高原训练与平原训练的强度相关安排

项目距离	平原训练强度	高原训练强度
100米	100%	98%
200米	100%	97%
400米	100%	95～96%
800米	100%	93～94%

（引自翁庆章，2002）

4.3 游泳运动员高原训练的个性化问题

对于赛前高原训练，个性化问题尤为突出。高原训练的基本原则是必须遵循的。但血色素、血尿素等指标的变化，表现出高度的个性化特点，尤其是血色素的个性化特点。一名优秀游泳运动员（女性）平原的血色素在140g/L水平。针对她是否要进行高原训练我们展开讨论。结论认为，需要进行高原训练，但在高原训练中，需要高度重视其个性化问题。最后我们在解决高原训练和血液流变学问题后，从高原训练中获得积极的作用。高原训练的个性化问题，体现在训练的强度、力量训练安排以及高原训练阶段的恢复手段上的个性化差别，同时也存在于高原训练后下平原训练及状态的上升特点。

4.4 游泳运动员不同项目的高原训练特点

无论是中长距离，还是中短距离的游泳项目，均存在高原训练的意义。但中长距离项目游泳运动员高原训练与中短距离项目游泳运动员的高原训练安排仍是有差别的。游泳运动实际并非是一项单纯的体能项目，而技能在游泳运动中具有极其重要的意义。所以对于蛙泳等项目，进行高原训练，由于环境的问题，必须高度重视高原训练对技术的影响，对专项力量的影响。在 2004 年冬训高原训练中，我们观察到优秀女子蛙泳运动员在高原训练后出现的专项力量丢失严重，并且出现技术节奏改变的问题。而在 2005 年的冬训中，我们强调了蛙泳运动员高原训练中的等动力量训练，效果得到积极改善。

第二节 游泳运动员高原训练的训练学安排

1. 基础训练阶段（冬训）高原训练

冬训阶段的高原训练的结构如下：

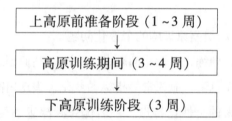

上高原前准备阶段（1～3 周）

↓

高原训练期间（3～4 周）

↓

下高原训练阶段（3 周）

其目的在于提高运动员的有氧训练能力，提高运动员最大摄氧量水平，为全年的大周期训练提供积极的基础训练阶段。

1.1 上高原前准备阶段

上高原前的准备阶段大致为上高原前的 1～2 周，有时为半周，原因是由于冬训期高原训练即在全年训练准备期的后半期，该时期本身的训练强度不太大，量相对大些，故易于同高原训练衔接。此阶段主要从体能和心理方面做好调节。

1.1.1 体能调节

体能调节的目的主要是为了保证运动员在高原训练期间的有效性和安全性，所以上高原前有充分的有氧训练做为铺垫，使运动员在上高原前保持良好的有氧能力，每天的训练强度主要控制在以长距离的有氧训练为主，适当安排一些短距离重复次数少的耐乳酸峰值的训练，这样的训练不容易有疲劳的积累，使运动员上高原前保持相对充沛的体力也避免伤病的发生，克服上高原前的不利因素。

· 水上训练

此阶段降低水上训练量和强度，水上专项训练手段的比重减少，主要以长距离的有氧训练和混合泳训练为主。另外，可以针对某些运动员上高原训练前1周的训练内容，增加425米潜泳的训练内容，其目的是想加强运动员肺通气能力，为高原训练储备良好的心肺功能。同时关注运动员的训练后的身体反应，保证运动员在上高原前保持良好的训练能力和心理反应。

· 陆上训练

陆上训练密度和强度有所增强，主要表现在由过去两天一练的陆上训练改为每天一练，且每天训练的内容也略有不同，我们尝试上高原前1周的训练内容中，对于陆上训练采用三天为一个组合，头天上午主要以腰腹力量训练为主并辅助一些其它力量训练，次日的下午进行了综合力量练习，加强运动员的一般力量素质。第三天的上午进行专项等动力量训练和辅助力量训练。通过高原训练前三次不同的陆上训练，密度大强度高，其主要目的是给高原训练阶段打好有利的身体素质基础。

1.1.2　心理调节

另外一方面，心理调节也是上高原训练之前一个重要的因素，主要观察运动员上高原前的情绪变化，及时捕捉运动员的心理变化，及时发现存在的问题，力争在上高原前把问题解决掉，使运动员在上高原前期保持比较愉悦的心境。

本阶段训练提示：

· 注重提高运动员有氧能力；

· 加强运动员的力量训练，注意提高运动员的综合力量能力，这是高原训练中比较容易被忽视的重要环节；

·保持运动员良好的训练情绪和训练能力，防止过度训练。

1.2 高原训练阶段

基础训练期（冬训）高原训练阶段时间通常为四周，其基本的节奏为：

第 1 周为调整、适应性训练；

第 2 周提高训练量为主；

第 3 周后半周为提高专项强度为主；

第 4 周后半周为调整。

1.2.1 第一周

第一周的前三天的训练主要以一些中长距离的中慢速游为主，通过三天左右的调整，使运动员逐渐适应高原低压缺氧的环境，尽量避免初上高原的不良反应。

·每堂训练课水中的训练量一般在 5000 米~6000 米

·训练手段主要采用持续训练法和间歇训练法

·训练内容主要以中长距离为主，对强度没有过多的要求，只是根据个人情况来完成。

在上高原后的第二天上午进行陆上慢跑和以发展身体一般素质的综合器械力量训练，下午进行一些篮球活动，每堂陆上课训练后都要进行水上 2000~3000 米水上放松。其主要目的活跃运动员的训练气氛，但要特别注意控制强度，预防运动损伤。

本周训练提示

·水上训练主要以中长距离的间歇游和长距离的持续游为主；

·陆上训练主要以一般身体训练为主，适当加一些户外体育活动，以调动运动员的训练情绪，同时注意预防损伤。

1.2.2 第二周

运动员逐渐适应高原环境后，训练负荷量通过一个适应阶段进入"保质提量周"，该周的训练计划须遵循循序渐进的原则，以确保运动员对环境因素和训练负荷有稳定和充足的适应。

·水上训练

本周水上训练的主要目的还是加强运动员的有氧能力，同时注意保持运动员的速度能力。训练强度大都维持在无氧阈强度，其中技术游占有很大比例。其主要目的是一方面提高运动员的速度能力，另一方面由于一直采用中长距离的间歇游，容易造成运动员神经兴奋地抑制，使速度能力下降，通过本周训练，可以加强和稳定运动员的速度能力。

·陆上训练

陆上训练进行专项力量训练，其目的是保持运动员的专项力量素质。加强最大力量训练，充分调动运动员的神经兴奋性，同时适当增加一些腰腹和跳跃等力量训练。图6-3游泳运动员高原冬训第二周训练量

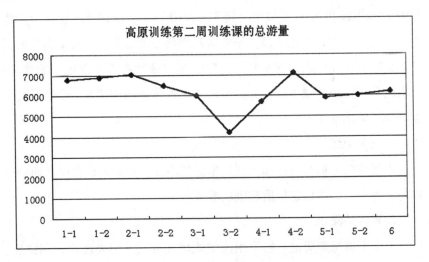

图6-3　游泳运动员高原冬训第二周训练量

本周训练提示

·水上训练强度不易过高，基本上以无氧阈强度比较适合，同时适当加强短距离的间歇训练以保持运动员良好的速度能力；

·陆上的力量训练需隔日进行，主要以循环训练法为主，同时也要进行一些上肢和下肢最大力量训练以保持运动员力量素质，同时积极调

动神经兴奋性，但要密切注意运动员的反应，重复次数一般不超过三次，组数不超过五组。

1.2.3　第三周

在经过前两周的适应、提高，运动员保持了良好的有氧能力，可以适应训练量的提高。高原训练的第 3 周进入继续对运动员的负荷量提升阶段，其主要目的是为了适应下个阶段的减量提质高强度要求。

·水上训练

本周初水上训练量明显下降，给运动员以充分的恢复。训练强度也基本维持在无氧阈－最大摄氧量－低乳酸强度等合理范围内过渡，没有出现高乳酸训练。在本周的中期可以安排进入高原训练期间负荷量最高的训练课，本训练课的一个重要的训练内容可以采用 16200 米包干时间 2′30″训练手段和 6200 米包干时间 3′～3′10″～4′手段训练。这两个训练内容均为专项能力训练手段，是实现从训练量增加到训练强度提升的科学训练转折点，此训练课对整个高原训练的成功有着非常重要的意义。后面的训练课训练量下降，并且经过周末的休息和调整为下个阶段的强度周做好体能准备。

·陆上训练

本周的陆上训练负荷和上周基本保持不变，只是训练强度方面略有提高，为下一周的稳定提质阶段做准备。

本周训练提示

·水上训练负荷量一般采用波浪式增加方式。但要注意控制强度，否则可能造成深度疲劳积累，导致运动员恢复不利；

·陆上训练负荷量和强度基本上保持不变，但要隔日进行，而且需要注重水上的放松练习。

1.2.4　第四周

高原训练的第 4 周的训练主要核心是提高强度，在本周要有 2 到 3 堂高质量的强度课，因此手段的安排和强度的控制是一个非常重要的问题。

游泳运动科学训练与监控

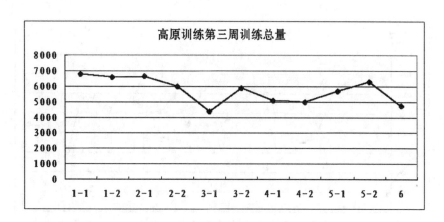

图6-4 游泳运动员高原冬训第三周训练量

要预防运动员过度疲劳。一方面通过各种生理和生化指标进行科学的判断评价，尤其在训练中要通过血乳酸的检测，给教练员进行及时的反馈，以保证训练手段和强度的控制；另一方面，要在每堂核心训练强度课前，保证要有1~2堂有氧训练课进行准备，核心强度课后2到3堂的恢复课，以保持运动员的身体机能状态。

本周的水上训练负荷量明显减少，强度是本周训练的重点。强度课主要采用的训练内容为38100米，包干时间从1′20″~1′40″~2′，对于血乳酸上不去的运动员可以通过延长间歇时间来实现高乳酸强度。第二堂强度课主要采用的训练内容是31050米，包干时间是1′~1′30″~2′，属于ATP-CPr系统的训练，从血乳酸的强度来看，本强度课属于耐乳酸峰值训练。

后面经过几天的调整，从而完成整个高原训练，本周的陆上训练内容与上一阶段基本保持一致，负荷量基本保持不变，强度略有所下降。尤其要关注运动员的身体情况，在进行最大力量训练时，可根据情况减少组数和重复次数。

本周训练提示

·在运动员下山之前避免疲劳积累，保证运动员在下山之前的体力充沛。

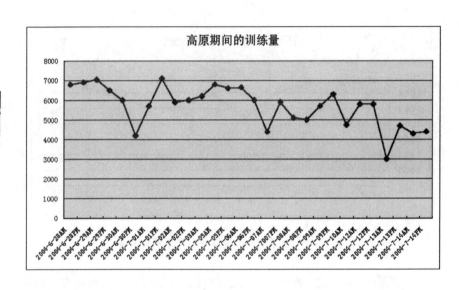

图6-5　游泳运动员高原训练总量分布

　　纵观高原训练的强度课要求，我们可以确定一个明显的变化特征，第一个和第二个强度课安排间隔时间比较长，有利于运动员身体的恢复和心理的适应；从训练手段的使用上，前两次强度课的主要训练内容都使用了配合游，进行整体训练，虽然这种训练可以达到很高的强度，但是容易引发运动员的过度训练。因此训练强度的合理控制是高原训练中教练员必须面对的一个重大问题，如果负荷强度低，就会使训练中强度的刺激不够深，可能无法达到高原训练对运动员形成有效合理的刺激，不能实现提高训练成绩的目的；如果负荷强度过高，就可能造成过度训练，导致训练的失败。这个问题可以通过转换手段方式得到解决，如利用分解训练手段将上肢和下肢分解训练，轮换高强度的刺激部位，这样就避免了由于整体配合训练可能引发强度刺激过深和技术动作变形等不利因素。教练员在最后一次强度课上应充分使用这类训练手段，但要注意安排的顺序，首先，安排上肢训练，因为上肢离心脏近比较容易恢复，然后是下肢训练。中间要有过渡强度的训练手段，对于在训练过程中所采用的划手板和脚蹼，要有一个循序渐进的过程，划手板和脚蹼的大小要根据运动员的性别、年龄、水平来决定，否则将可能造成运动员的关节和肌肉的损伤。训练方法主要以重复训练法为主，突出主要强度，注意训练过程中的积极性恢复。

表 6 - 6　高原（2800 米）无氧训练后在平原测试效应

100 米游速 (s)	上身作功峰值 Wingate（W）	平均功值 （W）	疲劳指数 （%）	乳酸恢复程度 mmol/L/min
试验组 5.56 *	34.50 *	10.05	4.62	0.12
对照组 3.13	6.62	4.39	1.4	0.11

（引自 Martino，1995）

1.3　高原训练恢复阶段

适应转换时间通常为 3 周。第 1 周主要为调整和适应，逐渐恢复训练量；第 2 周主要为提高专项强度训练；第 3 周主要以主项全力游（或分段）为主，若有比赛后后半周可以进行适当调整。

2. 赛前准备期的高原训练

赛前准备阶段的高原训练，我们追踪研究国家游泳队中长距离训练组 2004 年、2005 年赛前阶段高原训练的安排，力图对高原训练的中长距离项目训练的训练学特征进行研究。我们对赛前高原训练的阶段划分如下：

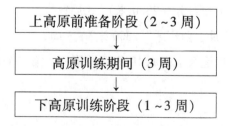

上高原前准备阶段（2~3 周）
↓
高原训练期间（3 周）
↓
下高原训练阶段（1~3 周）

我们在综合并参考多方面研究以及实际观察效果的总结后，提出游泳运动员赛前高原训练大纲：包括上高原前的 2～3 周准备期，高原训练的 3 周训练，下高原训练的第 1 周结束进入比赛或第 3 周进入比赛。

赛前的高原训练，高度突出个性化的训练计划特点，在训练安排上考虑到特定运动员的比赛要求和比赛目的，运动员的基本能力和技术特点，运动员具体比赛的场次时间安排等等。通过综合的分析，确定高原训练的时间、高原训练周期中的运动强度的安排以及下高原后的力量训练手段。

3. 日本高水平运动员高原训练实例

3.1 平井高原训练的安排

平井认为：高原训练，如果运动员没有顽强的意志品质是不行的。北岛高一就开始高原训练，之前的训练量和强度很大，现在量已经小了，陆上力量练习也不是重力量，更重视快速力量。平时运动员在水中以慢速力量为主，陆上突出快速的内容为主，对提高比赛速度有利，重视运动员比赛强度的训练。

高原训练的目的就是为了比赛，他的观点是通过高原训练，全面提高运动员的比赛能力，提高成绩。例如：为备战 2004 年 4 月日本锦标赛（奥运会选拔赛）以及 8 月雅典奥运会的比赛，北岛康介一共上了四次高原：

2003 年 12 月上美国 Arizona（2100 米），3 周；

2004 年 3 月上美国 Arizona（2100 米），4 周；

2004 年 5 月上西班牙（2300 米），3 周；

2004 年 6～7 月上西班牙（2300 米），3 周；

2004 年雅典奥运会上高原 10 天后的第一、第二个训练周的安排。

表 6-7 2004 年雅典奥运会上高原 10 天后的第一、第二个训练周的安排

第一天	第二天	第三天	第四天	第五天	第六天	第七天	第八天
训练课	训练课	强度课 2	休息	训练课	训练课	强度课 4	休息
强度课 1	训练课	训练课 W	休息	强度课 3	训练课	训练课 W	休息

训练课以一般有氧训练为主，W 表示陆上练习。

强度课以高强度速度训练为主：

强度课 1 的主要训练手段是 1650m（60 秒包干），一快一慢；

强度课 2 的主要训练手段是 450m（60 秒包干），带出发的 50 米游；

强度课 3 的主要训练手段是 4100m（10 分包干）；

强度课 4 的主要训练手段是 2450m（60 秒包干）。

第二周根据运动员的实际情况，适当减少组数。

平井为了备战 2006 年 4 月的日本游泳选手赛，于 3 月 1 日上美国亚利桑那高原训练。平井准备高原训练 4 周，下山 20 天调整后进入比赛。其高原训练的基本目的在于提高运动员有氧能力和耐乳酸能力。为此，平井考虑采用多种方式的快慢游。如 50 米快 50 米慢，或 100 米快 100 米慢为一组，组间大间歇。

此次高原训练的时间安排如下：

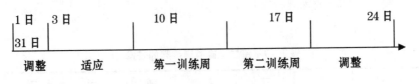

图 6-6 美国亚利桑那高原训练

第一个高原训练周的安排。

表6-8　第一个高原训练周的安排

一	二	三	四	五	六	日
训练课 K	训练课 P	训练课 W	训练课 K	训练课 P	训练课 W	休息
强度课 1	强度课 2	休息	强度课 1	强度课 2	休息	休息

　　训练课以一般有氧训练为主，K 表示打腿练习，P 表示划手练习，W 表示陆上练习。

　　节奏安排：

　　（1）上高原 3 天内调整，3000 米/天，无速度训练；

　　（2）3～10 天，10～15～20 米速度，无 100 米速度，无打腿练习。训练量略低于平原；

　　（3）10 天后的两周，10 次课/周，其中 4 次强度课；

　　* 第一周

　　强调 3250 米游，50 米速度，50 米慢，间歇 70～75″，50 米快（北岛 31.4～32 秒，中村 30.4～31 秒完成）。

　　两次课中，进行有跳出发的 4100 米，每个 10～12′包干（北岛要求 1′3″～1′4″完成，中村 1′02～1′03）

　　有时根据运动员的实际情况，采用 24 组一快一慢的 50m 段落游，如果运动员情况不好，一周只安排三次速度课。

　　* 第二周

　　分成前三天，后三天的训练。

　　第二个高原训练周的安排。

表6-9　第二个高原训练周的安排

一	二	三	四	五	六	日
训练课	训练课	训练课 W	训练课	训练课	训练课 W	休息
训练课 K	强度课 1	休息	训练课 P	强度课 2	休息	休息

训练课以一般有氧训练为主，K 表示打腿练习，P 表示划手练习，W 表示陆上练习。

强度课以高强度速度训练为主：

强度课 1 主要训练手段是（20～24）50 米（75 秒包干），一快一慢。北岛 31.4～32 秒，中村 30.4～31 秒；

强度课 2 的主要训练手段是 2100m（10～12 分包干）。北岛 1：01～1：00，中村 1：01。

上述两周的训练期间女运动员每次训练课后，蹬功率自行车 30′，阻力 100 瓦特。

（4）下高原后的训练

表 6-10 下高原 7 天后的赛前训练周

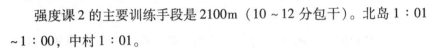

14	13	12	11	10	9	8	7	6	5	4	3	2	1
训练	训练	训练	休息	训练	训练	强度	休息	训练	训练	强度	休息	训练	训练
训练	训练	休息	休息	训练	训练	休息	休息	训练	训练	休息	休息	休息	休息

训练周以 4 天为一个训练单元，练二天半休息一天半，分别在赛前 8 天和 4 天安排二次强度课：

＊ 赛前 8 天强度课的主要训练手段是 450m（50～60 秒包干），带出发的；

＊ 赛前 4 天强度课的主要训练手段是 450m（50～60 秒包干）脚到边，北岛康介的成绩分别是 29.2、31、31、31 秒，中村礼子的成绩分别是 29.8、30.8、30.7、30.4 秒；

＊ 250m（90 秒包干），带出发的。北岛康介和中村礼子 2005 年最后一个 50m 成绩分别为 27.8 秒和 29.4 秒。

3.2 铃木阳二的高原训练安排

铃木教练与平井观点不同，他对高原训练持相当谨慎的态度。对于国内比赛，铃木不考虑进行高原训练作为准备。其主要的原因是由于高原训练对运动员的副作用很大，多次上高原可以导致高原训练效果下降，只有备战国际比赛，才考虑安排高原训练。铃木把高原训练作为参加重大国际比赛的重要训练手段，一般一年在最重要比赛的之前上一次高原。铃木的主要观点在于：

（1）高原训练的目的在于提高运动员的比赛能力

（2）高原训练时间在 3~4 周

（3）高原训练采用 5 天为一个周期，第一周期为适应周期，3000米/课次，1 天 2 练，1 天总游量在 5000~6000 米。可以上下午训练，也适当进行一些陆上训练。

（4）第二周期适当增加强度训练，训练量与训练强度略有提高。

（5）第三、四周期主要是强度训练，但运动量下降不多，强度和量的安排取决于何时下高原。

（6）具体手段包括上午 2 小时的水上训练，中午 1 小时的陆上力量训练，下午 1 小时的水上训练。

（7）力量训练主要的加强腿、躯干力量，在第三周期可以安排一个重力量练习，但整个高原训练阶段不建议进行过多的重力量练习

（8）强调运动量和强度的安排要随时观察运动员的反应，尤其注意水中训练的心率。

（9）下山可以是三周比赛，也可以是两周比赛，但在 2005 年蒙特利尔世界游泳锦标赛上，铃木作为总教练，安排下高原后 8 天比赛。

铃木教练所带的优秀运动员包括森田和伊藤，均是优秀的仰泳运动员。铃木提出，他所指导的森田和伊藤，三年上了三次高原，但适应时间一次比一次短，而高原训练强度一次比一次大。下高原多少天比赛，可以与高原训练安排结合。因此，不同下高原的调整时间决定了高原训练的手段。铃木提出，如果采用高原训练 3 周，下高原后 3 周比赛，则在下高原后的 3 周里可以补偿高原训练中没有练好的部分，但如果采用下山后 8 天比赛，则没有时间和机会在下高原后补偿高原训练练的不好的部分，因此更具风险性。

铃木的高原训练是以 5 天为一个训练小周期，练 4 天休息一天。高原训练通常是 3～4 周，前 3 天调整，5 天适应（5000～6000m），5 天大强度训练（6000～7000m），再 5 天大强度训练（6000～7000m），最后 3 天调整下山。下山后通常采用 2～3 周时间参加比赛。但是，2005 年世锦赛前的高原训练是赛前 8 天下山的。

具体安排时间表如下：

表 6－11　2005 年世锦赛前的高原训练

天数	第一天	第二天	第三天	第四天	第五天
早晨 2～2.5 小时	一般训练课	一般训练课	一般训练课	最大速度课	休息
中午 1 小时	陆上	陆上	陆上器械	陆上瑞士球	休息
傍晚 2 小时	最大摄氧量训练；短间歇的包干游	一般训练课	长间歇的速度课	一般训练课	休息

＊ 最大摄氧量训练：34100m，1′30、1′20、1′15 包干游；

＊ 短间歇的包干游：12100m，1′25 包干；

＊ 长间歇的速度课：8100m，3 分包干，血乳酸可以达到 14～15mmol/ml；

＊ 最大速度课：4225m，长间歇全力游。

＊ 陆上练习：一般体力、腰腹力量、下肢力量、上肢力量。

＊ 下山后的训练以 450m，50 秒包干的频率游，带出发。

3.3　田中孝夫教授的高原和平原训练安排

田中教练的训练内容是以九级训练强度来划分的。中低有氧（AT－2）、中高有氧（AT－1）、无氧阈（AT）、无氧阈（＋1）、耐乳酸（LA）、无氧 1（AN1）、无氧 2（AN2）、无氧 3（AN3）、无氧 4

（AN4）。

田中教练的五个训练原则：

✱ 全面性原则

✱ 个别性原则

✱ 自觉性原则

✱ 反复性原则

✱ 渐进性原则。

3.3.1　平原训练安排

表6－12　田中一周训练量训练的基本训练安排（总量79450m）

星期	早晨5：30～8：00	下午4：20～6：20	晚上6：20～19：10 陆上练习
（一）	8500m	6400m	
（二）	7900m	7800m	
（三）	休息	休息	
（四）	9100m	7100m	
（五）	8000m	7200m	
（六）	8750m	8700m	
（日）	休息	休息	

表6－13　田中——量和强度训练的一周基本训练安排（总量80000m）

星期	早晨5：30～8：00	下午4：20～6：20	晚上6：20～19：10 陆上练习
（一）	9200m	7200m	
（二）	9100m	3000m	
（三）	休息	休息	
（四）	9600m	7400m	
（五）	9300m	7600m	
（六）	9000m	8600m	
（日）	休息	休息	

表6-14　田中一周基本强度训练的安排（总量82700m）

星期	早晨5：30～8：00	下午4：20～6：20	晚上6：20～19：10 陆上练习
（一）	7900m	8000m	
（二）	8300m	7700m	
（三）	休息	休息	
（四）	8500m	8700m	
（五）	8300m	8400m	
（六）	9000m	7900m	
（日）	休息	休息	

主要训练手段采用强度递增训练，遵守渐进性的原则以及渐进性的超负荷训练原则，具体手段如下：

✳ 耐力训练

21×2300m：

4×300m（4′00 包干），~1 强度；

4×300m（3′50 包干），AT 强度；

4×300m（3′40 包干），+1 强度；

21×2300m：

4×300m（4′00 包干），AT 强度；

4×300m（4′20 包干），+1 强度；

4×300m（4′40 包干），LA 强度。

✳ 包干时间递增游训练

21×250m：

4×50m（1′00 包干），最好成绩 +3～4 秒，AN1 强度；

4×50m（1′20 包干），最好成绩 +2～3 秒，AN2 强度；

4×50m（1′40 包干），最好成绩 +1～2 秒，AN3 强度。

24×850m：

    16×50m（0′50 包干），平均成绩 31.5 秒；

    16×50m（1′00 包干），平均成绩 30.5 秒；

    16×50m（1′10 包干），平均成绩 29.5 秒。

23×650m：

    12×50m（1′00 包干），平均成绩 30.5 秒；

    12×50m（1′10 包干），平均成绩 29.5 秒；

    12×50m（1′20 包干），平均成绩 28.8 秒。

22×450m：

    8×50m（1′10 包干），平均成绩 30.0 秒；

    8×50m（1′20 包干），平均成绩 29.05 秒；

    8×50m（1′30 包干），平均成绩 28.0 秒。

✳ 完成成绩递增游训练

    2×3×100m，2 分钟包干：

    第一组，1′05、1′03、1′01 完成；

    第二组，1′03、1′01、5″00 完成。

3.3.2 高原训练安排

田中指导的运动员柴田亚衣到目前为止，共上了六次高原，这六次分别是：

2002 年泛太平洋赛前，美国 Arizona（2200 米）；

2003 年世锦赛赛前，美国 Arizona（2200 米）；

2004 年 3 月奥运会选拔赛赛前，美国（2300 米）；

2004 年 7 月奥运会赛前，美国 Arizona（2200 米）；

2005 年 3 月世锦赛选拔赛赛前，美国（2300 米）；

2005 年 6 月世锦赛赛前，美国 Arizona（2200 米）。

田中的高原训练通常采用高原 4 周，赛前 3 周下山。高原 4 周，第一周是高原适应周，第二、第三、第四周都是强化训练周，原则就是高原训练平原化，要求运动员有良好的意志品质，然后赛前 3 周下山。田中不赞成赛前 2 周内下山，他认为那是学者的理论推理，实践的结果是运动员通常在下高原 3 周后各项指标恢复正常，大脑的记忆也达到最佳。

3.3.3 陆上训练安排

对于陆上力量训练，就是一般力量训练，没有等动力量训练，成绩反而提高了，水中专项力量训练采用水桶阻力训练。

第三节 游泳运动员高原训练的科学监控

高原训练对游泳运动员有着复杂的生理、生化和训练学效应，通过对运动及缺氧的适应，游泳运动员加强了心血管和呼吸功能及血液成份、血液生化效应。与此同时，科研工作者们对运动和缺氧刺激的全过程，应给予时时监控，形成一个系统完善的游泳运动员高原训练的监控指标体系，并对此指标体系进行反复论证，最后形成方案。

高原训练的科学观察，包括游泳高原训练的全过程，在上高原训练前的 4 周，高原训练过程的 4 周，以及下高原训练的赛前准备期均全面追踪观察。以期获得一手系统的数据和资料。而此高原训练的最终效果评价，是运动员在比赛中的实际运动成绩表现。无论成功还是失败，我们都要全面系统的进行总结分析。

上高原训练前、高原训练中、下高原后训练监控，包括不同时期、不同训练手段、不同个体、不同状态的准备：包括运动员心脏的监控，运动员呼吸系统的监控，运动员机能状态的特殊准备，运动员营养保障准备，训练监控准备尤其是专项力量训练和专项训练强度的准备。

1. 游泳运动员高原训练的生理生化适应

游泳运动员在高原停留的过程中，产生一系列的缺氧适应可以改善在高原的亚极量运动能力。莱文（Levine，1992）认为，这个过程将影响氧传输的每个步骤，因此形象的把氧分级传输描述如"氧瀑布"

（oxygen cascade）。

外界环境（高度）
↓
进入肺泡（依靠通气功能和缺氧通气反应）
↓
经过肺毛细血管（受弥散作用的限制）
↓
由心血管系统传输（依靠血红蛋白和血红蛋白浓度）
↓
最后弥散至骨骼肌（依靠肌肉毛细血管生化状态）
↓
为肌肉线粒体所利用（受氧化酶活力影响）
进行有氧代谢的组织呼吸和生成能量物质 ATP

图6-8　氧瀑布的分级传输（引自翁庆章，2002）

在高原适应过程中，不同器官、组织出现的生理反应的时间有所不同，萨顿（Sutton，1994）对此作出了归纳：

表6-15　高原停留时生理反应和适应的时间

观察到的生理变化	观察变化所需时间	达到最大变化所需时间
通气量增加	即刻	数周
心率增加	即刻	数周
血红蛋白增加	数天到一周	数周
毛细血管密度增加	数周	数月/数年
肌肉氧化活性酶增加	数周	数月
肌肉中线粒体密度增加	数周	数月
红细胞生成增加	数日	数周
其他		

（引自 Sutton，1994）

2. 游泳运动员高原训练监控准备

2.1 水上训练监控

通常采用血乳酸测试控制游泳运动员高原水上训练强度，也可以评价高原训练的效果。相同负荷下高原训练前为 7.7mmol/L。高原训练后可降至 6.6mmol/L。人体对高原的适应是渐进的，在高原训练过程中，血乳酸应逐周下降。即出现乳酸－速度曲线右移现象。相同的负荷，血乳酸下降，游速加快是机能提高的表现。如果相同内容的测试，血乳酸在高原期间没有逐周降低，或者还有增加或者高原后高原前相比出现左移，则提示训练安排不当或者过度疲劳。

高原训练，血乳酸可达到很大，在亚极量条件下可以比平原高出 50% 以上，从这一点看，在高原上可以练到平原难以达到的负荷。

我们采用每周进行一次 5200 米递增游测试，描绘血乳酸－强度曲线和心率－强度曲线对训练效果进行监控评价。

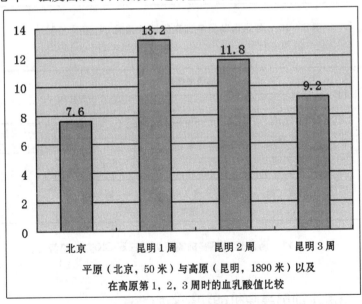

图6－9　平原（北京）与高原（昆明）以及在高原第1、2、3周时的血乳酸比较

（引自陈一帆，1988）

2.2 陆上训练强度监控

CK 对力量训练的反应较大，在游泳运动员高原训练期间可以用来监控陆上力量训练的强度及次日的恢复状况。在 2004 年冬训期间的高原训练曾发现一名运动员突发性的肌酸激酶水平急剧增高，无肌肉损伤史。高度怀疑心脏疾病，但通过相关的血清酶指标，心电图等检测，排除心肌炎等问题。让运动员紧急返回北京后，观察 2 周，其肌酸激酶恢复正常，最后判断属高原力量训练的不适应的反应。

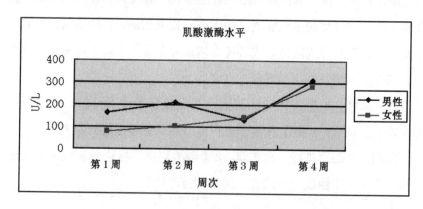

图 6－10　游泳运动员冬训高原训练四周 CK 变化趋势

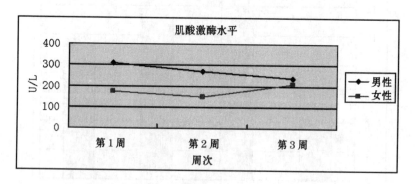

图 6－11　游泳运动员赛前高原训练三周 CK 变化趋势

3. 游泳运动员高原机能状态监控准备

在高原训练期间，每周对运动员的安静心率、基础体重进行测试，观察运动员身体健康状态反应。同时测试血红蛋白、血尿素、尿十项等指标，监控运动员的训练和机体疲劳消除的反应。

每日监控指标包括：体重（下水前）、晨脉、血氧饱和度/心率（饭前安静状态）、晨尿，每日根据需要给运动员进行按摩，特别强调重点部位的放松，积极促进疲劳的恢复；

每半周测试：BUN（饭后）、血常规（饭后）；

每周测试：睾酮（静脉）、EPO（静脉）、呼吸功能、心功测试，重点监控高强度运动和缺氧状态下的心肌功能。

·游泳运动员冬训高原训练的机能状态监控

表6–16　游泳队运动员冬训高原训练的各项周生化指标（n=20）

周次		HB（g/L）	BUN（mmol/L）	CK（U/L）
1	男	146.83±17.83	5.60±2.53	162.43±101.38
	女	135.34±9.77	6.22±1.21	79.36±50.00
2	男	153.00±15.46	6.43±1.67	210.21±142.82
	女	140.54±10.21	6.01±2.20	103.82±67.20
3	男	147.80±14.23	7.08±2.12	132.01±100.21
	女	138.00±10.91	6.88±3.11	142.39±103.21
4	男	148.90±16.42	5.23±1.02	312.00±200.54
	女	142.21±11.25	5.91±2.31	283.27±162.03

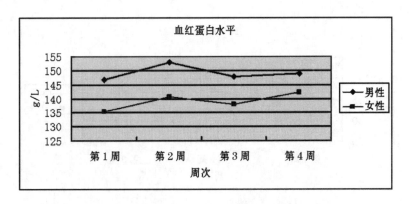

图6–12　游泳队运动员冬训高原训练的各周血红蛋白水平

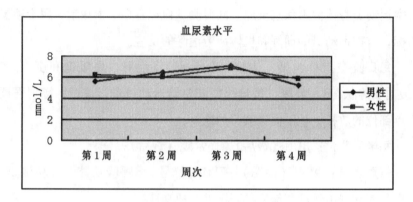

图 6 – 13　游泳运动员冬训高原训练的各周血尿素水平

·游泳运动员赛前高原训练的机能监控

表 6 – 17　游泳运动员赛前高原训练的生理生化指标变化（N = 20）

周次		HB（g/L）	BUN（mmol/L）	CK（U/L）
1	男	138. 25 ± 8. 40	6. 90 ± 3. 08	309. 30 ± 202. 28
	女	133. 43 ± 10. 31	4. 25 ± 1. 22	172. 21 ± 110. 21
2	男	141. 60 ± 8. 81	4. 84 ± 0. 81	269. 85 ± 165. 53
	女	137. 28 ± 9. 01	5. 92 ± 1. 21	149. 55 ± 97. 37
3	男	140. 60 ± 9. 47	3. 63 ± 0. 50	238. 00 ± 147. 21
	女	136. 66 ± 8. 32	5. 11 ± 1. 21	210. 43 ± 140. 00

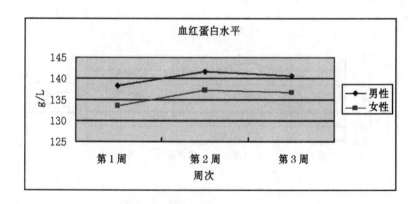

图 6 – 14　游泳运动员赛前高原训练的各周血红蛋白水平

178

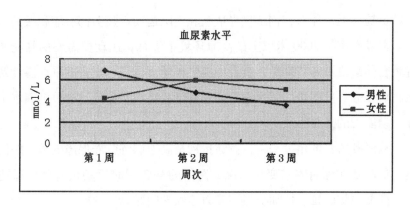

图6-15　游泳队运动员赛前高原训练的各周血尿素水平

　　高原训练总周期不过1个月，血睾酮的变化无法反映身体能力的变化。而血清肌酸激酶的变化受力量训练的影响较大，所以也无法准确反映机体的状态。对于疲劳的积累，我们认为可以通过每周的血尿素水平评价。

　　血色素的变化可以作为高原训练的常规观察指标。血红蛋白可每周查1~2次。血红蛋白的水平是一种动态的平衡，一方面，高原缺氧刺激它的增长；另一方面，由于身体消耗又使它下降。在高原上，血红蛋白降或不降，都有可能。训练强度大，也许血红蛋白还可能有下降阶段，但最终在高原后期或回平原后，它会回升或超量回升。查血红蛋白的目的是为了及时矫正可能出现训练强度不合理的问题。

　　高原训练每周检测尿十项指标，主要预防在第2周阶段可能出现的运动血尿或尿潜血问题。

　　对于指标的变化，我们更注重的是运动员的训练能力和运动能力。指标的指代并非是绝对的。

4. 游泳运动员高原训练营养保障准备

　　没有一种方法可以代替完善的训练计划，包括适当的休息和合理的膳食营养。科学的、合理的平衡膳食不仅能保证运动员的正常训练，对

179

运动员提高运动能力，创造优异成绩和消除运动性疲劳都有着积极的作用。尤其在海拔2000米以上的高原环境下训练，运动员需要的热能和各种营养素更具有特殊性。膳食中提供科学、合理、丰富的平衡膳食及运动员根据自身的机能状况选择合理的膳食结构是保证运动员健康水平和运动能力的重要手段。

从医务监督的角度来讲，游泳运动员高原训练营养保障的重点关注运动员高原训练期体重变化情况、高原的第2周时运动员身体的适应性、高度预防感冒、增加机体免疫力等医学问题。

4.1 游泳运动员高原训练对基本营养素的要求

在高原，由于基础代谢率增加，所以对热量摄入的需求也会增加。因此，当运动员抵达高原时，应该加大热量的摄取。不仅如此，在高原短短两周，体重就会出现下降，这也反映了需要增加饮食。在高原，体液损失增加，使脱水的问题比在平原更受关注。体液的损失降低了血流量并增加了血液的粘稠度，血液粘稠度增加平衡了到达收缩肌肉群的血流量和氧气。因此，重要的是，当运动员抵达高原时，应该增加液体的摄入，特别是摄入有助于保持体液的液体，如运动饮料和含有钠或水的饮料。

4.2 游泳运动员高原训练对增加免疫力的要求

高原会削弱身体的免疫系统。抗氧化物如维生素C、E、A，或这些补充物的混合物会有助于保护免疫系统，特别是如果运动员的饮食缺乏这些营养物时。维生素的饮食来源包括桔子、柚子和草莓；蔬菜油、绿叶蔬菜、坚果、家禽和一些谷类；维生素A在西红柿、胡萝卜和南瓜中非常丰富。高原训练由于环境的影响，需要大量补充蛋白质和铁元素。

4.3 游泳运动员高原训练对营养补剂的要求

游泳运动员高原训练期间的膳食营养和特殊营养物质补充方案上，要高度强调水的补充以及通过膳食强化中医学理论上的活血化瘀营养物质的补充。在2004年游泳运动员高原训练中忽视了这些细节问题，所以导致高原训练后，下平原运动员疲劳恢复缓慢，机能上升出现问题，三周后的比赛上运动员表现不理想。通过分析，主要的问题是细节的处理问题。2005年高原训练后3周参加比赛，高原训练的效果在运动员的比赛中得到体现。

游泳运动员高原训练综合消除疲劳手段方案的建立上，强调强度训练后的疲劳恢复以及神经系统的疲劳恢复。可以采用物理手段、心理手段、化学手段、营养手段等多手段，高原训练后的疲劳恢复速度远远慢于平原训练后。

4.4 游泳运动员2000米以上高原训练的膳食调查

表6-18 2006年夏季游泳运动员高原训练膳食摄入情况调查表

性别	餐次 \ 分类	谷类	薯类	蔬菜类	畜禽肉类	瓜果类	蛋类	乳品类	豆品类	鱼虾类	油脂类
男	早餐	21(10)	3(3)	11(9)		8(8)	7(7)	2(2)		4(4)	
	午餐	14(9)	8(7)	13(7)	22(10)	6(6)	7(7)	1(1)			
	晚餐	18(10)	4(4)	15(9)	21(10)	7(7)		1(1)		4(4)	
女	早餐	24(10)		6(5)	12(9)		7(7)	8(8)	2(2)		1(1)
	午餐	13(9)	10(9)	17(9)	20(10)	9(9)	7(7)	6(6)			
	晚餐	18(10)	5(5)	19(10)	14(8)	8(8)		4(4)		5(5)	

高原地区运动员膳食应以碳水化合物和蛋白质为主，含脂肪较多的食物需要消耗更多的氧气和高原训练中机体能量代谢的变化必须予以考虑，由于分解脂肪产生能量比分解糖类产生能量需求更多的氧气；并且降低运动强度，延长运动时间才能转化为热能，且不易消化、吸收。所以特别要注意在适应初期（7~10天）减少饮食中的脂肪和增加糖，吃容易消化的食物。

为提高机体对低压和高原环境的耐受力，每日要供给充足的能量，并主要以谷粮类和薯类为主；为提高机体对气压变化的适应能力，增强无氧耐力，更好地抗疲劳，并能提高血氧饱和度，餐饮中心应多提供含维生素、铁元素等丰富的动物内脏、深色蔬菜、时令瓜果、豆类、海产品等食物；并为预防急性高原反应，要适当地减少食盐的摄入量。

在菜的做法上还要讲求多样化，如鸡蛋除了水煮蛋、番茄炒蛋，还可做成蛋饼、蛋羹等；面食可多增加各类面条、各种馅的饺子、包子等；豆品类要多提供含优质蛋白质丰富的大豆等，并可加工成豆腐、豆浆、豆腐干、豆腐脑等花色品种，更可增加食欲增加蛋白质的来源。除此，以增加鱼虾等海产品来代替部分偏多的畜肉禽类食物，并多提供季节性水果。

教练员应定期组织运动员学习相关的营养学知识，使运动员做到在较为不合理的餐饮提供中，能够选择较为合理的膳食结构。

在高原训练期间应该采用多餐制，这也可避免晚餐摄入过多的问题。英国人在 1992 年奥运会前规定，在高原一日五餐，他们认为营养是高原训练成功的重要组成因素。

第四节　游泳运动员上高原前的筛选

高原训练提高运动技能的基本生理学机制是在低氧环境下，刺激肾脏释放促红细胞生成素（EPO），增加血红蛋白浓度和增强氧传送链（Oxygen Transport Chain）的技能，从而提高组织对氧的有效利用率和骨骼肌的耐乳酸能力。

近年的研究提出，并非所有的人均适合高原训练的，大多数人群可以在高原训练的条件下实现 EPO 分泌的刺激，从而提高血红蛋白水平以及相关的生理生化的变化。但仍有少数的人群，可能对高原缺氧刺激不敏感。因而有必要对高原训练进行人群筛选。

·激活 EPO 分泌的机制为：血红蛋白的下降、肾或肺缺氧、直接由肾上腺素激活；

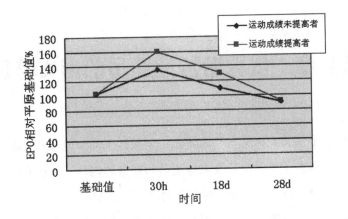

图 6－16　高原训练后运动成绩提高者和未提高者的 EPO 比较

·EPO 的分泌男女并无显著性差异；

·低氧环境下刺激 EPO 的分泌，一般 90～120 分钟后即开始增加，2～4 天后达到高峰，随后逐渐下降；

·EPO 的变化还与低氧程度有关，氧气含量越低，EPO 的分泌越多；

·如图冈德森（Gunderson，1999）研究发现，凡是 EPO 分泌较多的运动员，其运动成绩得到显著提高，分泌较少的则成绩平平。

（李飞霏　李瑞杰　张大超）

参考文献

1. 池上晴夫. 日本游泳的高原训练，1985 年昆明讲学纪录

2. 方允中. 高原营养. 解放军出版社，1989

3. 李之俊. 游泳运动员高原训练的生理变化. 游泳期刊，1999

4. 翁庆章. 高原训练的生理学基础. 实用运动医学. 北京科学技术出版社，1996

5. Levine BD. Exercise at high altitude. Sports Medicine Secret. Philadelphia. Hanley & Belfus Publishing. 1994

6. Terrados N. Altitude Training and Muscular Metabolism. Sports Med. 1992

第七章 优秀游泳运动员的形态特征

体质学中认为人体形态是人体在一定条件下的表现形式。在体质研究中，人体形态主要是指涉及人体测量和观察的内容，包括人体各部大小、人体重量、性征、骨骼，体型及体姿等。人体形态的研究指标包括人体可测量到的长度、宽度、围度及重量的指标；性成熟指标；骨指标及体型。人是统一的整体，人体的一切生理功能、活动和行为均有赖于人体的形态结构，人体的形态结构是人体心理、生理功能及一切行为的基础。

运动训练学中认为，运动员机体的基本运动能力（即运动员的体能）是运动员竞技能力的重要构成部分，良好的体能是提高技战术水平和运动成绩的基础，也是运动员承受大负荷训练和高强度比赛、保持良好稳定心理状态的基础。而运动员体能发展的水平是由其身体形态、身体机能及运动素质的发展状况所决定的。其中，身体形态是指机体内外部的形状，包括反映人体生长发育状况的各环节高度、围度、长度、宽度和充实度等外部形态特征，以及心脏的纵横径、肌肉的横截面等内部形态特征；构成体能的身体形态、机能、素质三个因素都有各自相对独立的作用，又有着密切联系、彼此制约、相互影响，其中每一个因素的水平，都会影响到体能整体的水平。

一定的身体形态在一定程度上反映出相应的生长发育水平、机能水平和竞技能力水平；反映出不同运动项目对身体形态的特定要求；同时不同的身体形态在一定程度上影响着运动素质的发展。游泳是一项全身性的运动，在现代奥林匹克运动中占有重要地位，亦是金牌大户。因此，世界各国尤其是体育发达国家都把发展游泳运动提高其竞技运动水平作为夺取奥运胜利的重要战略措施，培养当代世界冠军，必须具备三个条件：高水平的科学训练、优化的训练环境和运动员个人优越的天赋条件。而游泳运动员个人优越的天赋条件包括良好的水感、身体素质、领导能力和身体形态，由些可以看出良好的身体条件对运动员取得成功的重要性。研究表明，在游泳运动中，不同的姿势和距离对于运动员的身体形态要求是有很大的不同，优秀游泳运动员的身体形态特征可以理解为与高水平运动员相适应的条件。

由于亚洲运动员的身材与欧洲及北美洲等国家运动员相比普遍不理想，为了尽量缩短差距，科学选材、提高成才率被我国游泳界视为重要课题，而准确了解我国现阶段优秀游泳运动员的基本身体形态，把握其变化规律，能为游泳运动员的选材提供科学的理论依据。

第一节　2000 年以后我国优秀游泳运动员的整体形态特征

通过对我国国家游泳集训队队员长年多次的形态学测量，并对所测得的数据进行统计学分析，总结出 2000 年以后我国优秀游泳运动员的形态学特点如下：

1. 躯干部的长度、宽度及围度特征

众所周知，身高是优秀游泳运动员取得优异成绩的基础与先天条件，运动员随着身高的增加，即可加长每次动作周期的划水距离，还可提高其比赛中出发、转身后蹬壁滑行距离和到达终点时触壁的竞争能力；身高对成绩的提高有重要的作用，特别是短距离项目更是如此。科研人员经过实验发现，身体高大的自由泳运动员，在极限下游速游泳时，每公斤体重，每分钟的氧耗量下降。世界优秀游泳运动员身高一般男子为 186.00 厘米，女子为 173.00 厘米以上。通过对 2004 年与 2006 年我国国家游泳集训队队员两次大规模测试并对其结果统计分析可知，我国国家队队员 2004 年与 2006 年男子的平均身高分别为 182.89 厘米

与 185.70 厘米，女子平均身高分别为 172.29 厘米与 171.60 厘米，2006 年我国国家游泳集训队队员男子身高均值与 2004 年相比高了 2.81cm 且具有显著性差异，而女子平均身高与 2004 年相比却减少了近 0.69cm 但无显著性变化。通过以上数据显示可知，我国优秀游泳运动员在身高方面与世界优秀运动员相比仍有一定的差距。从躯干的比例指标来看，我国优秀游泳运动员的坐高占整个躯干的长度的 53% 左右，如男子 2004 年与 2006 年的坐高与身高之比分别为 53.61% 与 53.21%，女子分别为 53.98% 与 53.89%；从纵向的变化趋势来看，男队员身高指标有增长的趋势，而女队员则无太大变化。

　　随着科学技术的快速发展，运用流体力学及其相关学科的基本理论，结合游泳运动技术来分析游泳运动员水中运动时的推进力和阻力，近年来游泳运动员选材工作者对运动员的水中减阻的形态学特征越来越重视，综观前人的研究成果，游泳运动员要具有肩宽髋窄的"倒三角"形体型特征，用来反应此种流线型体型特征的指标主要有流线型指数［（肩宽＋转子间宽）／（身高×2）×100］、体型指数［（肩宽－转子间宽）/转了间宽×身高］及胸围臀围差［胸围－臀围］三个指标，在运用以上三个指标来讨论运动员的体型特征时，应据源指标的变化特征综合考虑。从国家集训队队员的数据来看，2000 年以后我国优秀男子游泳运动员肩宽均在 42 厘米左右，女子在 38 厘米左右；如 2004 年与 2006 男子集训队员的肩宽均值分别为 42.29 厘米与 42.85 厘米，女子为 38.47 厘米与 38.79 厘米，纵向来看并无显著性变化；而髋宽（即转子间宽）指标纵向来看男、女运动员均具有非常显著性变化，如 2004 年与 2006 年男子髋宽均值分别为 31.97 厘米、28.87 厘米，女子髋宽均值为 30.78 厘米、27.69 厘米，两年的差值男、女分别为 3.10 厘米与 3.08 厘米；而由肩宽和髋宽衍生出的流线型指数和体型指数也具有非常显著性差异，以 2004 年与 2006 年的数据分析为例，在肩宽指标不变，而髋宽指标逐渐减少的情况下，由流线型指数推算公式可知此时指数越小说明运动员的体型更趋近于游泳项目所要求的肩部较宽，髋部较窄的"倒三角形"体型特征，在水中的形态阻力也越小，符合流体力学的水中减阻的原理；同理我们也可以推断出，由于"肩宽－转子间宽"差值的增大、转子间宽值的减小，体型指数应该是越大越好。从2004年与2006年以后国家游泳集训队的数据对比分析结果可知，2006年我国优秀游泳运动员的体型更趋于游泳项目所要求的水中减阻的流线型体型特征。

优秀游泳运动员据水中减阻的流体力学原理，应胸围较大臀围较小，故胸围与臀围的差值较大。但从国家游泳集训队2004年与2006年的纵向数据分析结果表明显示，男子2006年集训队员胸围、腰围、臀围均值较2004年运动员都有所增大，但臀围的增加非常显著，造成胸围臀围差值有所减小；女子2006年集训队员在腰围增大、臀围非常显著增大的同时，胸围均值却有所减少，造成胸围臀围差显著低于2004年运动员，此种趋势针对于游泳运动所要求的流线型是不利的，不利于降低水中运动员的形态阻力，但身体围度指标的可变性较大，我们可以通过有针对性的训练手段来加以改善。

2. 肢体部的长度、围度特征

优秀游泳运动员的另一个特点是指间距超过身高，手臂长，上臂较粗壮，下肢较细，手脚宽大。手臂长有利于增长划水距离，提高划水效果，指距超过身高值越大对技术发挥越有利；肩宽上臂粗肩带肌和肱二、三头肌粗壮有力，能增强划水力量；手掌和脚掌长而宽大，划水和蹬水或打水时阻力面增大，有利于增大推进力，进而提高游进速度。2006年我国国家游泳集训队男队员上肢长、宽度指标如指距、指距身高差、上肢长、前臂加手、手长、手宽、手面积均值皆高于2004年运动员，且大多数指标表现出显著性差异；而2006年集训队女队员上肢多数指标均值高于2004年运动员，但并无显著性差异。从上臂围度差指标来看，男女运动员上臂力量2006年与2004年相比都有减弱的现象。同时，据数据统计工作结果2006年国家游泳集训队男队员反应下肢长度指标如下肢长 B、小腿加足高、跟腱长、足长、足宽、足面积均值皆成增长趋势，且部分指标表现出显著差异，随着下肢长度增加，男队员下肢围度也出现相应的增长趋势；而女队员无论是下肢长度、围度都无太大差异。

3. 皮脂厚度及体脂特征

人体脂肪组织总量中约有三分之二分布在皮下组织，通过测量皮褶厚度，可以推测人体脂肪组织的总含量。多余的脂肪不利于运动，这一点以女运动员尤为重要，世界优秀选手均偏瘦，身体脂肪不多。1982年世界游泳锦标赛女子冠军平均体脂不超过 14%。美国女选手平均为 16%，我国 1981 年优秀女子（105 人）平均为 18.5% ±3.2%。体脂多，身体发胖，则身体横径增加，对水的阻力也相对增大，脂肪多同时也加重心脏负担。从国家游泳集训队数据的纵向对比发现，男队员上臂处、肩胛处与腹脐旁处三处的皮褶厚度及体脂百分指标均值成下降趋势，而体重、克托莱指标均值成显著增长趋势，可知男队员身体脂肪含量下降，净体重有所上升，身体充实度得到提高；而女队员皮脂厚度及体脂百分数无太大变化。

第二节　1996 年以来我国参加奥运动会选手的身体形态特征

代表我国游泳最高水平的参奥选手，是从国内众多优秀游泳运动员经层层筛选组成的一个特殊群体，认真细致分析他们的身体形态特征，对于我们更好地把握我国优秀游泳运动员的形态特点具有重要的意义。

1. 女选手的身体形态特征

通过对 1996 年以来三届女子参奥选手的形态学数据统计分析，可知我国女子参奥选手平均身高在 170.5～173.5 厘米之间，其中以 2000

年运动员平均身高为最低为 170.94 厘米，指距均值在 177.0～179.0 厘米之间且三年均值成增长趋势，肩宽均值在 39.0～41.0 厘米之间，三年均值成减少趋势，上肢长指标三年均值在 74.5～76.0 厘米之间且均值三年成增长趋势，下肢长均值在 86.0～89.0 厘米之间，臂展－身高差值 5.5～7.5 厘米之间，大腿围均值在 53.0～54.5 厘米之间，上臂松紧围度差均值在 2.0～2.5 厘米之间，上臂处皮脂均值 10.5～13.0 毫米之间，腹部皮脂 12.5～15.0 毫米之间，体重均值在 63.0～64.5 公斤之间，克托莱指数均值在 363.0～374.0 之间，上述指标三届女子参奥选手均值之间虽存在一些差异，但并未表现出显著性水平。

女子三年参奥选手胸围指标均值三年成长趋势，其中以 2004 年运动员的胸围增加最为明显，与 1996 年相比达到了非常显著性水平，而臀围指标三年却成减少趋势，与其它两届参奥选手相比也是以 2004 年减小最为显著，此时胸围与臀围的差值则成增大趋势，且三届女选手两两相比均成非常显著性差异，突出了上宽下窄的倒"锥体"形态特征，从而有效地降低了水中的形态阻力，更有利于提高在水中的游进速度；另外三年女选手的胸围指数（即胸围与体重之比）均值成增长趋势，而据以往研究经验可知该指数越大对游泳运动员的提高游速越好。三年女选手的体脂百分数以 2000 年参奥选手均值为最大达到了 17.8%，而 2004 年女选手体脂百分数最小为 14.4%，综合皮褶厚度与体脂百分两指标可知 2000 年参奥女选手的肌肉表现出脂肪的含量增大，净体重值下降，体脂多意味着身体发胖，身体的横径增加，以水的迎面阻力也相应增大，但 2004 年参奥女选手的皮褶厚及体脂百分数据可以看出已经有了很好的改善。

2. 男选手的身体形态特征

从三届男子参奥选手的数据统计结果可知，可知男子参奥选手的身高均值 183.0～184.5 厘米，臂展均值 191.5～194.0 厘米，肩宽均值 43.0～44.0 厘米，上肢长 79.0～82.0 厘米，下肢长 89.5～94.5 厘米，胸围97.0～101.0厘米，大腿围56.0～58.0厘米，上臂皮脂5.0～7.5毫米，腹脐旁处皮脂厚度6.5～12.5毫米，肩胛处皮脂厚度8.0～13.0毫米，臂展－身高8.5～10.0厘米，上臂紧张围33.5～36.0厘米，上臂放松围30.5～32.0厘米，上臂松紧围度差3.0～4.5厘米，胸围身高53.0～55.0，克托莱指数均值在413.0～441.5，胸围指数均值在0.2～1.3厘米/千克，体重均值在76.0～81.5千克，体脂百分比在9.0～14.5%之间，上述指标三届男子参奥选手均值之间虽存在一些差异，但并未表现出显著性水平。

男子参奥选手三届胸围均值1996年与2004年均值皆低于2000年均值，其中以1996年均值为最低，但三年运动员之间并无显著性差异；臀围均值三年成显著下降趋势，而胸围与臀围差值三年均值成显著上升趋势，这与女子参奥选手的躯干围度变化特征相似，突出了上宽下窄的倒"锥体"形态特征，从而有效地降低了水中的形态阻力，更有利于提高在水中的游进速度。

第三节　我国优秀游泳运动员各专项的身体形态特征

以往的研究表明，不同性别、泳式、项目游泳运动员的身体形态特征是有其各自特点。如，长距离自由泳和短距离自由泳运动员在身体形态上就有较大的差别，蝶泳与仰泳运动员之间也有很大的差异，这些外在形态方面的差异是由于不同项目对于技术、供能方式等要求不同而决定的；同时，专项形态源自专项训练，不同专项存在着不同的专项形态特征，对优秀运动员的专项形态研究，便于把握该专项的形态规律，从而为运动员的科学选材提供理论支持。

1. 我国男子长距离自由泳1500米运动员的形态学特征分析

通过对我国男子长距离自由泳80年代优秀游泳运动员与2000年以后优秀游泳运动员的形态学比较分析发现，我国男子长距离自由泳

1500 米运动员在下列形态指标上，80 年代运动员与 2000 年以后运动员相比并无显著差异的。如显示躯干肢体比例的指标坐高身高比均值在 53.0% ~ 54.0% 之间，随年代的推移而成减小趋势；指距 – 身高差均值在 6.5 ~ 9.5 厘米之间，2000 年以后运动员的指距 – 身高差均值要大于 80 年代运动员近 3 厘米；躯干部指标如肩宽均值在 40.5 ~ 42.5 厘米之间，随年代的增加也成增长的趋势；肢体部指标如手宽均值在 8.0 ~ 8.5 厘米之间、足宽均值在 9.5 ~ 10.0 厘米之间、踝围在 21.0 ~ 22.0 厘米之间；机能指标如肺活量指标均值在 4860.0 ~ 5481.0 毫升之间；腹脐旁处皮褶厚度均值在 9.5 ~ 12.0 毫米之间。以上指标均值 80 年代我国优秀游泳运动员与 2000 年以后优秀游泳运动员虽有一定的差别，但并达到显著性差异。

通过对 80 年代运动员与 2000 年以后优秀游泳运动员躯干长、宽、围度及其复合指标的比较分析结果可以看出，男子长距离自由泳 2000 年以后运动员身高、坐高均值与 80 年代运动员相比成显著性增大趋势，但 2000 年以后运动员两指标相比均值虽有所增大但无显著性差异，由此可见我国男子长距离自由泳运动员在保持原来躯干比例的基础上，躯干长度成增大趋势。胸围指标显示 80 年代运动员要显著小于 2000 年以后运动员，而 2000 年以后均值相比并无差异。转子间宽指标 2006 年运动员具有显著性地减小，反映游泳运动员身体形态的复合指标流线型指数 80 年代运动员与 2000 年以后运动员相比均值成显著减少趋势，其中以 2006 最为显著；体型指数均值成显著增大趋势且以 2006 年运动员最为明显。这反应出我国男子长距离自由泳运动员的躯干部形态的改善，更加符合人体在水中的运动模式，能有效地减少水中运动时的形态阻力。

从我国男子长距离自由泳 80 年代运动员与 2000 年以后运动员上肢部的比较分析结果可以看出，男子长距离自由泳 2000 年以后运动员与 80 年代运动员相比指距、上肢长和前臂加手长成显著增长趋势，而 2000 年以后运动员相比并无显著性差异。手长指标 2000 年以后运动员与 80 年代运动员相比成显著增加趋势，手宽三年无显著性变化，但由于手长的增加，手面积均值也成增长趋势，到 2006 年时已表现也显著性差异。这些变化反应出我国 2000 年以后的男长距离自由泳运动员的上肢长度指标较 80 年代运动员有很大的改善。反应上臂围度的上臂紧张围和上臂放松围的均值也成增大趋势，一方面这可能与上肢整体长度的增长相适应，另一方面从上臂松紧围度差的均值来看 2000 年以后运动员成下降趋势，由些可推知我国男子长距离自由泳运动员的上臂肌肉力量成下降。

通过对我国男子长距离自由泳 80 年代运动员与 2000 年以后运动员下肢部的比较分析可知男子长距离自由泳 2000 年以后运动员与 80 年代运动员相比下肢长 B、小腿加足高、跟腱长、足长、足面积均值皆成显著增长趋势；而 2000 年以后运动员下肢长 B、足长、足面积并无显著性差异，但小腿加足高、跟腱长 2006 年运动员也有显著性增加，另外 2000 年以后运动员大腿长与小腿长加足高的比值与 80 年代运动员相比有显著性减小，综合分析以上指标的变化推知这与自由泳打腿时，在腿部总质量不变的前提下，大腿短一些、小腿长一些有利于增大打水的冲量的要求是一致的；而跟跟腱长的增长有助于运动员减少跳台入水所需的时间。显示下肢围度的指标大腿围、小腿围指标 2000 年以后运动员与 80 年代相比皆成显著增长趋势，推测此种趋势可能与下肢长度指标增长的趋势相适应。另外，我国男子长距离自由泳 80 年代运动员与 2000 年以后运动员皮褶厚度及体脂百分比的比较分析可知男子长距离自由 2000 年以后运动员与 80 年代运动员相比肩胛处与上臂处的皮褶厚度指标皆成显著增长趋势，而 2000 年以后运动员并无显著性差异。体脂百分比指标 2000 年以后运动员与 80 年代运动员相比成显著增长趋势，且 2000 年以后运动员也成增长趋势。

综合上面讨论的内容可总结为男子长距离自由泳（1500 米）运动员躯干及肢体长度指标均值整体上成增长趋势，且 2000 年以后运动员与 80 年代运动员相比表现出显著性差异，而 2000 年以后运动员相比除小腿加足高、跟腱长表现出显著性外，其它指标均无显著性差异，在下肢长无显著性变化的的情况下，小腿加足高的增加有利于增大打水的冲量，而跟腱长的增加有利于减少跳台入水的出发时间。上下肢肢体围度的增加与上下肢肢体长度的增加趋势相适应，而上臂松紧围差减小的趋势提示运动员上臂力量有所下降。从躯干宽度及其复合指标的变化趋势来看，2000年以后的男子长距离自由泳运动员的体型更符合水中形态减阻的流线型要求。另外，运动员上臂处和肩胛处的皮褶厚度成增长的趋势。

2. 我国男子混合泳运动员形态学特征分析

通过对我国80年代男子混合泳优秀游泳运动员与2000年以后男子混合泳优秀游泳运动员的形态学比较分析发现，我国男子混合泳运动员80年代运动员与2000年以后运动员相比在下列形态指标上并无显著差异的。躯干部指标如坐高均值为95.5~99.0厘米之间、肩宽均值为42.5~43.0厘米之间；肢体部指标如手宽均值为8.0~9.0厘米之间、手面积均值为160.5~177.5平方厘米之间、足长均值为25.5~27.0厘米之间、足宽均值为9.5~10.5厘米之间、足面积均值为253.5~277.5平方厘米之间、上臂紧张围均值为31.5~34.0毫米之间；机能指标肺活量均值为5455.5~5686.0毫升之间、肺活量/胸围均值在54.0~60.0毫升/厘米之间，腹脐旁处皮褶厚度均值为9.3~10.5毫米之间。以上指标均值80年代我国优秀游泳运动员与2000年以后优秀游泳运动员虽有一定的差别，但并未达到显著性差异。

通过对我国男子混合泳80年代优秀游泳运动员与2000年以后优秀游泳运动员躯干部指标的比较分析可知，男子混合泳2000年以后运动员与80年代运动员相比身高指标均值成显著增长趋势，但2000年以后运动员相比无显著性差异。反应躯干比例的指标如坐身高比成下降趋势，反映出我国男子混合泳运动员坐高占身体的比例成下降趋势，而相应下肢所占躯干的比例逐渐增加，其中以2006年运动员最为明显。转子间宽成不规则的变化趋势，其中以 2006 年运动员的均值为最低且表现出非常显著性差异，由复合指标流线型指数 2006 年运动员明显下降，而体型指数明显上升的变化趋势可推知，2006 年男子混合泳运动体型特征更符合水中减阻流线型要求。从胸围指标来看 2000 年以后运动员与 80 年代运动员相比成显著性增长趋势。

从我国男子混合泳 80 年代优秀游泳运动员与 2000 年以后优秀游泳运动员上肢部的比较分析可知，2000 年以后运动员与 80 年代运动员相比在指距、指距－身高、上肢长、前臂加手、手长的均值皆成显著性增长的趋势，而 2000 年以后运动员相比五个指标均无显著性差异，说明我国男子混合泳运动员 2000 年运动员与 80 年代运动员相比上肢整体指标有所提高，但 2000 年以后的运动员之间并无太大变化。随年代的推移运动员的上臂放松围成增长趋势，且以 2006 年运动员最为显著，而上臂松紧围度差均值以 2004 年均值为最高，2006 年均值为最低，结合上臂放松围与上臂围差的两者的变化情况提示 2006 年男子混合泳运动员上臂肌肉力量有所下降。

通过对我国男子混合泳 80 年代优秀游泳运动员与 2000 年以后优秀游泳运动员下肢部的比较分析可知，男子混合泳 2000 年以后运动员与 80 年代运动员相比下肢长 B、小腿加足高两指标的均值皆成显著增长趋势；跟腱长指标均值成增长趋势，且以 2006 年增加最为明显，提示 2006 年运动员的下肢爆发力量较好，有利于缩短入水出发时间。大腿围与小腿围两指标 2000 年以后的运动员要显著高于 80 年代运动员，这与下肢长度的变化趋势相似，这可能是肢体随长度的增长而围度相应增加的自然增长过程。大腿长与小腿加足高的比值随年代的推移成显著下降趋势，这与游泳运动打腿运动中，在腿部总质量不变的前提下，大腿短一些、小腿长一些有利于增大打水的冲量的要求是一致的。

另外，我国男子混合泳 80 年代优秀游泳运动员与 2000 年以后优秀游泳运动员皮褶厚度的比较分析可知，男子混合泳运动员 2000 年以后运动员与 80 年代运动员相比肩胛处皮褶厚度均值成显著增长趋势，而上臂处皮褶厚度成先增长后降低的趋势，其中以2004年均值最高。

综合上面讨论的内容可知，2000年以后的运动员身高、胸围、指距、指距－身高、上肢长、前臂加手、手长、下肢长B、小腿加足高有明显的增长，坐高占身体的比例有所下降，由转子间宽、流线型指数、体型指数的变化趋势可知2006年男子混合泳运动体型特征更符合水中减阻的流体力学的流线型要求，从2006年上臂放松围增加明显而上臂松紧围度差下降明显，跟腱长增加显著，提示2006年男子混合泳运动员上臂肌肉力量有所下降，下肢爆发力量较好；2000年以后运动员下肢围度的增加与长度的增长相适应，下肢比例更趋于合理。

3. 我国男子蛙泳运动员的形态学特征分析

通过对我国男子蛙泳80年代优秀游泳运动员与2000年以后优秀游泳运动员的形态学比较分析发现，我国男子蛙泳运动员80年代运动员与2000年以后运动员相比在下列形态指标上并无显著差异的。反应躯干部长度比例的指标如坐高身高比均值在53.0～54.5之间；反应上肢部长度的指标如指距－身高均值为5.5～8.5厘米之间、上肢长均值为76.5～82.0厘米之间、手长均值为18.5～20.5厘米之间；反应下肢部长度的指标如下肢长B均值为88.0～94.0厘米之间、足长均值为25.0～27.0厘米之间；躯干宽度及其复合指标有转子间宽均值为29.5～31.5厘米之间、流线型指数均值为19.5～21.0之间、足宽均值为9.5～10.0厘米之间、足面积均值为245.0～265.5平方厘米之间；皮褶厚度类指标有上臂处皮褶厚度均值为4.5～7.0毫米之间、腹脐旁处皮褶厚度均值为8.5～11.0毫米之间；上臂紧张围均值为31.5～33.5厘米之间，以上指标均值80年代我国优秀游泳运动员与2000年以后优秀游泳运动员虽有一定的差别，但并达到显著性差异。

通过对我国男子蛙泳80年代优秀游泳运动员与2000年以后优秀游泳运动员躯干部指标的比较分析可知，男子蛙泳运动员身高均值成先降低后升高的趋势，在2000年以后的运动员中以2004年运动员的平均身高最低且均值低于 80 年代运动员但差异并不具显著性，而到 2006 年时运动员身高均值最大，并表现出显著性差异；男子蛙泳运动员的坐高、肩宽、体型指数、胸围均值皆成增长趋势，且以 2006 年运动员增加最为显著；由肩宽、体型指数、胸围三个指标的分析结果我们可以看出，男子蛙泳以 2006 年运动员的体型特征为最好，更符合水中运动时的形态减阻特征。

从对我国男子蛙泳 80 年代优秀游泳运动员与 2000 年以后优秀游泳运动员上肢部的比较分析可知，男子蛙泳运动员的前臂加手长指标均值随年代的推移成增长趋势，且 80 年代运动员与 2006 年运动员相比具有非常显著性差异；而手宽、手面积指标以 2004 年均值为最低，但 2006 年均值最高且表现出显著性差异，运动员手宽、手面积指标的增大，在水中运动时划水，抱水时对水的截面积就相应增大，进而提高划水、抱水效果。上臂放松围指标均值成增长趋势、而上臂松紧围度差均值成降低趋势，且以 2006 年运动员的变化最为明显，在上臂紧张围无显著性变化的情况下，可推测出男子蛙泳运动员上臂肌肉力量成下降趋势，其中以 2006 年运动员下降最为明显。

通过对我国男子蛙泳 80 年代优秀游泳运动员与 2000 年以后优秀游泳运动员下肢部的比较分析可知，男子蛙泳运动员小腿加足高指标均值成增长趋势，且以 2006 年运动员增加最为显著；跟腱长指标成不规则变化，其中以 2006 年均值为最大且表现出显著性差异；大腿围指标 2000 年以后的运动员与 80 年代运动员相比均值成显著增长趋势，而 2000 年以后运动员之间相比并无显著性差异；小腿围指标均值成增长趋势，且以 2006 年运动员增加最为显著；踝围指标成无规则变化，其中以 2006 年踝围均值最大，且表现出非常显著性差异；在下肢长无显著性差异，且小腿加足高均值逐渐增大的情况下，大腿围均值逐渐增大，说明男子蛙泳运动员大腿部有增粗的趋势，这可能与蛙泳运动员腿部动作大多数情况是动用下肢的大肌肉群完成工作有关，蛙泳的腿部动作不仅要保持身体的平衡，而且还要产生较大的推进力以提高游速，因此蛙泳的腿部动作也较其他泳式重要；而小腿围的增粗可能与小腿部增长的趋势相符；2006 年运动员踝围的增粗较为明显。大腿长与小腿长加足高的均值成下降趋势，其中以 2006 年运动员下降最为明显，这与游泳运动打腿运动中，在腿部总质量不变的前提下，大腿短一些、小腿长一些有利于增大打水的冲量的要求是一致的。

另外，对我国男子蛙泳 80 年代优秀游泳运动员与 2000 年以后优秀游泳运动员皮褶厚度及肺活量的比较分析可知，男子蛙泳运动员肩胛处皮褶厚度成无规则变化，其中以 2004 年皮褶厚度均值为最高；肺活量指标均值成增长趋势，其中以 2006 年肺活量均值最高，肺活量代表了一个人的最大通气能力，提示男子蛙泳运动员的绝对呼吸潜力有提高的趋势。

综合上面讨论的内容可知男子蛙泳运动员坐高均值成增长趋势且以 2006 年最为显著，肩宽、胸围、体型指数均值也成增长趋势，且以 2006 年最为显著，提示 2006 年运动员的体型特征更符合水中运动时的形态减阻特征。前臂加手长指标均值成增长趋势，2006 年增加尤为显著，与 80 年代运动员相比手宽、手面积指标以 2006 年运动员有显著增加，这对提高运动员的划水、抱水效果是有利的。反应上肢围度的指标上臂放松围成增长趋势而上臂围差均值成降低趋势，且 2006 年运动员表现出显著性差异，可推测出 2006 男子蛙泳运动员上臂肌肉力量有所下降。小腿加足高成显著性增高趋势，而跟腱长 2006 年有较为显著性增高，提示下肢爆发力较好。大腿围 2000 年以后运动员较 80 年代的运动员都有较为显著性增高，提示大腿部有增粗的趋势，而小腿围的增粗可能与小腿部增长的趋势相符。肺活量均值成增高趋势，提示男子蛙泳运动员的绝对呼吸潜力有提高的趋势。

4. 我国男子仰泳运动员的形态特征分析

通过对我国男子仰泳 80 年代优秀游泳运动员与 2000 年以后优秀游泳运动员的形态学比较分析发现，我国男子仰泳运动员 80 年代运动员

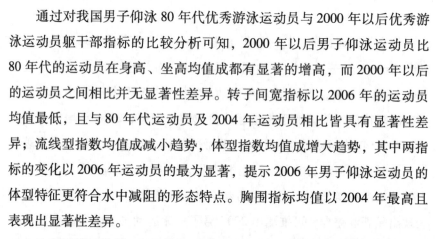

与 2000 年以后运动员相比在下列形态指标上并无显著差异的。反应躯干肢体比例的指标如坐身高比均值为 52.5～54.0 之间，反应躯干肢体宽度及其复合指标如肩宽均值为 41.5～43.5 厘米之间、手宽均值为 8.0～8.5 厘米之间、手面积均值为 158.0～168.5 平方厘米之间、足宽均值为 9.5～10.0 厘米之间、足面积均值为 251.0～258.5 平方厘米之间；反应肢体围度类指标如上臂紧张围均值为 30.5～33.0 厘米之间、大腿围均值为 48.5～56.5 厘米、踝围均值 21.0～22.0 厘米之间，腹脐旁处皮脂厚度均值为 10.0～13.0 毫米之间，以上指标均值 80 年代我国优秀游泳运动员与 2000 年以后优秀游泳运动员虽有一定的差别，但并达到显著性差异。

通过对我国男子仰泳 80 年代优秀游泳运动员与 2000 年以后优秀游泳运动员躯干部指标的比较分析可知，2000 年以后男子仰泳运动员比 80 年代的运动员在身高、坐高均值成都有显著的增高，而 2000 年以后的运动员之间相比并无显著性差异。转子间宽指标以 2006 年的运动员均值最低，且与 80 年代运动员及 2004 年运动员相比皆具有显著性差异；流线型指数均值成减小趋势，体型指数均值成增大趋势，其中两指标的变化以 2006 年运动员的最为显著，提示 2006 年男子仰泳运动员的体型特征更符合水中减阻的形态特点。胸围指标均值以 2004 年最高且表现出显著性差异。

从我国男子仰泳 80 年代优秀游泳运动员与 2000 年以后优秀游泳运动员上肢部的比较分析可知，2000 年以后的运动员与 80 年代的运动员相比在反应上肢长度的指标如指距、上肢长、前臂加手长、手长的均值皆具有明显的增长，而 2000 年以后的运动员之间相比并无显著性差异，由些可知 2000 年以后的运动员与 80 年代运动员相比，在反应上肢长度的指标上都有所改善，这对于仰泳运动员提高划幅，增大每频的划水效果是非常有利的；上臂放松围均值成增长趋势，且以 2006 年运动员的增加最为显著，而上臂松紧围度差均值却以 2006 年均值为最低，并表现出显著性差异，由此可推知 2006 年男子仰泳运动员上臂处肌肉力量

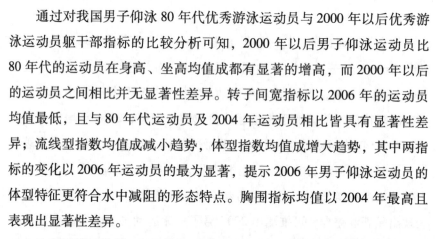
游泳运动科学训练与监控

有所下降。

通过对我国男子仰泳 80 年代优秀游泳运动员与 2000 年以后优秀游泳运动员下肢部的比较分析可知，反应运动员下肢长度的指标如下肢长 B、小腿长加足高、跟腱长均值皆成增长趋势，且 2006 年运动员的下肢长 B 要显著高于 80 年代运动员，而 2000 年以后的运动员小腿长加足高指标皆显著高于 80 年代运动员，大腿长与小腿长加足高的比值成减小趋势，由以上两指标的变化趋势与游泳运动打腿运动中，在腿部总质量不变的前提下，大腿短一些、小腿长一些有利于增大打水的冲量的要求是一致的，跟腱长指标随时间的推移成明显的增长趋势，提示男子仰泳运动员下肢爆发力成提高趋势，有利于缩短运动员出发入水的时间；小腿围的增长趋势与小腿加足高的变化趋势相似，推测这种变化可能是肢体围度随长度的增长而自然增粗的结果。

另外，对我国男子仰泳 80 年代优秀游泳运动员与 2000 年以后优秀游泳运动员皮褶厚度及肺活量的比较分析可知，2000 年以后的男子仰泳运动员上臂处、肩胛处皮褶厚度及体脂百分数皆高于 80 年代运动员，其中三指标以 2004 年运动员的均值最高，且表现出显著性差异。肺活量均值也是以 2004 年均值为最高但都无显著性差异，提示男子仰泳运动员呼吸机能并无太大差异。

综合以上讨论的内容可知，男子仰泳 2000 年以后的运动员身高、胸围较 80 年代运动员有显著性增长，而坐高 2006 年运动员较 80 年运动员有显著性增长；从转子间宽、流线型指数、体型指数来看，2006 年男子仰泳运动员的体型特征更符合水中减阻的形态特点；指距、上肢长、前臂加手 2000 年以后的运动员较 80 年代有显著性增长，而 2000 年以后运动员相比无显著性差异；手长指标只有 2006 年运动员较 80 年代运动员有显著性增长。由上臂放松围与上臂围差的变化情况可以推知，2006 年男子仰泳运动员上臂处肌肉力量有所下降；下肢长 B 指标 2006 年运动员较 80 年代运动员有显著性增长，小腿加足高指标 2000 年以后运动员较 80 年代运动员均有显著性增长，跟腱长指标随时间的推移成非常显著性增长趋势，提示男子仰泳运动员下肢爆发力有提高趋势，而 2000 年以后运动员与 80 年代运动员相比呼吸机能并无显著性差异。

5. 我国男子中短距离自由泳运动员的形态特征分析

通过对我国男子中短距离自由泳 80 年代优秀游泳运动员与 2000 年以后优秀游泳运动员的形态学比较分析发现，我国男子中短距离自由泳运动员 80 年代运动员与 2000 年以后运动员相比在下列形态指标上并无显著差异的。反应躯干肢体宽度的指标有肩宽均值为 41.0～43.0 厘米之间、足宽均值为 9.5～10.5 厘米之间、足面积均值为 248.0～278.5 平方厘米之间；肢体围度类指标如上臂紧张围均值为 31.5～33.5 厘米之间、踝围均值为 21.5～22.5 厘米之间；肩胛处皮褶厚度均值为 8.5～10.0 毫米之间、腹脐旁处皮褶厚度均值为 9.0～12.0 毫米之间，指距－身高均值为 7.0～9.0 厘米之间、肺活量/胸围均值为 50.0～58.0 毫升/厘米之间，以上指标均值 80 年代我国优秀游泳运动员与 2000 年以后优秀游泳运动员虽有一定的差别，但并未达到显著性差异。

通过对我国男子中短距离自由泳 80 年代优秀游泳运动员与 2000 年以后优秀游泳运动员躯干部的比较分析可知，2000 年以后运动员与 80 年代运动员相比身高、坐高均值皆具有显著增长趋势；反应躯干比例的指标如坐身高比均值成减小趋势，而下肢比指标均值成增长趋势，且 80 年代运动员与 2006 年运动员相比具有显著性差异，可推知 2006 年运动员坐高占身体比例明显下降，而下肢占躯干的比例明显上升。2006 年运动员的转子间宽成明显减小趋势，同时，2006 年运动员的复合指标如流线型指数成明显减小、体型指数成明显增大，综合转子间宽、流线型指数、体型指数的变化趋势可知 2006 年男子中短距离自由泳运动员的体型更趋于水中形态减阻的特征。2000 年以后运动员的胸围指标明显大于 80 年代运动员。

从对我国男子中短距离自由泳 80 年代优秀游泳运动员与 2000 年以

后优秀游泳运动员上肢部的比较分析可知，男子中短距离自由泳 2000
年以后运动员与 80 年代运动员相比指距、上肢长、前臂加手长三个指
标的均值皆有明显的增长，而 2000 年以后的运动员相比无显著性差异；
手长、手宽、手面积均值三年也成增长趋势，且 2006 年运动员较 80 年
代运动员具有非常显著性的增大；从上肢部指标的分析结果可以看出，
2000 的以后的运动员上肢部指标整体上好于 80 年代运动员，这可能与
中短距离自由泳项目手臂划水是产生推进力的重要作用有关，2000 年
以后的运动员上肢部指标的改善对运动员增大每幅划距，提高每频划水
效果都是有利的。上臂放松围均值整体成增长趋势，且以 2006 年运动
员增长较为显著，而上臂松紧围度差指标 2006 年运动员均值有较为明
显的减小，从上臂放松围与上臂松紧围差两指标来看，提示 2006 年男
子中短距离自由泳运动员上臂力量有所下降。

通过对我国男子中短距离自由泳 80 年代优秀游泳运动员与 2000 年
以后优秀游泳运动员下肢部的比较分析可知，男子中短距离自由泳
2000 年以后运动员下肢长 B 与小腿长加足高两指标较 80 年代运动员有
较为明显的增长，2006 年运动员跟腱长指标有较为显著的增加，提示
2006 年男子中短距离自由泳运动员下肢爆发力较好，有利于缩短出发
入水时间；2000 年以后运动员的足长指标较 80 年代运动员成显著性增
长；2000 年以后运动员较 80 年代运动员的大腿围、小腿围指标有明显
的增加，而 2000 年以后运动员之间并无显著性差异，这种变化趋势与
下肢部的长度指标变化趋势相似，推测此种变化趋势可能是肢体围度随
肢体长度增长而相应增加的自然增长结果。2000 年以后运动员的大腿
长与小腿加足高的比值均值较 80 年代运动员有较为显著的减小，这与
游泳运动打腿运动中，在腿部总质量不变的前提下，大腿短一些、小腿
长一些有利于增大打水的冲量的要求是一致的，说明 2000 年以后运动
员下肢长度比例更趋于合理。

另外，对我国男子中短距离自由泳 80 年代优秀游泳运动员与 2000
年以后优秀游泳运动员皮褶厚度及肺活量的比较分析可知，2000 年以

后的运动员上臂处皮褶厚度、体脂百分比及肺活量指标均值皆显著高于80年代运动员，而2000年以后的运动员之间并无显著性差异。

由以上的讨论分析的结果可知，2000年以后男子仰泳运动员身高、坐高、胸围、指距、上肢长、前臂加手指标显著高于80年代运动员，2006年运动员与80年代运动员相比坐高占身体比例明显下降，而下肢占躯干的比例明显上升，综合转子间宽、流线型指数、体型指数的变化趋势可知2006年男子中短距离自由泳运动员的体型更趋于水中形态减阻的特征，2006年运动员手长、手宽、手面积指标明显高于80年代运动员；由上臂放松围、上臂围差的变化可知2006年男子中短距离自由泳运动员上臂力量下降明显。下肢B、小腿加足高、足长均值2000年以后的运动员要明显高于80年代运动员，跟腱长指标以2006年运动员均值最高，提示2006年运动员下肢爆发力较好，大、小腿围的增长趋势可能与下肢长度的变化相相应。呼吸机能指标肺活量2000年以后运动员要显著好于80年代运动员。

6. 我国男子蝶泳运动员的形态特征分析

通过对我国男子蝶泳80年代优秀游泳运动员与2006年优秀游泳运动员的形态学比较分析发现，手宽均值在8.0~8.5厘米之间、足宽9.5~10.0厘米之间、肺活量与胸围比值在53.0~58.0之间、上臂紧张围32.0~33.0厘米之间、肩胛处皮褶厚度8.0~9.5毫米之间、腹脐旁处皮褶厚度8.5~11.0毫米之间、皮脂厚18.5~19.0毫米之间、上臂长与前臂长之比为1.31左右，以上指标80年代我国优秀游泳员与2006年运动员均值会有一些差别，但均不具有显著性差异。

躯干部指标如身高、坐高、肩宽、胸围四个指标2006年运动员较80年代运动员有了明显的增加，均值分别增加了10.8、4.6、1.5、6.2厘米；坐高与身高的比值均值2006年运动员却比80年代运动员低了近0.7，由此可以看出2006年运动员的坐高占身体的比例有所减小，下肢所占比例有所增加，而2006年运动员的躯干部四个指标整体上成增大趋势，这与游泳运动员所要求的身材高大，肩、胸部较宽大的趋势相符；2006年运动员与80年代运动员相比转子间宽及其复合指标流线型指数具有明显的减小，分别减少了1.3厘米和1.2，而体型指数具有显著的增大，与80年代运动员相比增加了24.7，这种体型特征的变化与游泳运动中的流体力学中所要求的形态减阻是相符的。

对反应上肢部长度的指标的数据分析可以看出，2006年运动员与80年代运动员相比皆有显著性增加，如指距均值增加了13.5厘米、其复合指标指距–身高增加了2.8厘米、上肢长增加了近5.6厘米、前臂长加手长增加了近3.2厘米、手长增加了1.3厘米。上肢长度的增加有利于增长划水路线和划幅，提高每次划水的效果。对反应上肢围度的指标综合分析可以看出，在上臂紧张围2006年与80年代运动员无显著性差异的情况下，2006年运动员上臂放松围显著性增加（增加了近3.0厘米）、而上臂松紧围度差又减小的趋势，可推知2006年运动员上臂力量有所下降。

反应下肢长度的指标如下肢长B、小腿加足、跟腱长、足长皆成明显的增加，如下肢长B、小腿长加足高两指标2006年运动员与80年代运动员相比增长了近5厘米，跟腱长增加了近4.2厘米，足长增加了近1.4厘米。而反应下肢比例的指标大腿长与小腿加足高的比值2006年运动员比80年代运动员却减小了0.12且表现出显著性差异，这与游泳运动打腿运动中，在腿部总质量不变的前提下，大腿短一些、小腿长一些有利于增大打水的冲量的要求是一致的，说明2006年运动员下肢长度比例更趋于合理。反应下肢围度的指标2006年运动员较80年代运动员也有所增加，如大腿围增加了近4.6厘米，小腿围增加了近2厘米，踝围增加了近1厘米，此种下肢围度变化的趋势与下肢长度变化的趋势相似，推测此种变化趋势是下肢围度随下肢长度的增长而围度相应增加的自然增长结果。

另外、2006年运动员上臂处皮褶厚度比80年代运动员增加了近1.7毫米、体脂百分数增加了近1.6；反应运动员呼吸机能的指标肺活量指标，2006 的运动员较 80 年代运动员增长了近 752 毫升，可以看出 2006 年运动员的绝对呼吸潜力要远好于 80 年代的运动员。

7. 我国女子长距离自由泳运动员的形态学特征

通过对我国女子长距离自由泳 80 年代优秀游泳运动员与 2000 年以后的优秀游泳运动员的形态学比较分析发现，我国女子长距离自由泳运动员 80 年代运动员与 2000 年以后运动员相比在下列形态指标上并无显著差异的。躯干部指标如肩宽均值为 37.0 ~ 39.0 厘米之间、胸围均值为 85.5 ~ 90.5 厘米之间、坐身高比均值为 53.5 ~ 58.0 之间；肢体部指标如手长均值为 17.5 ~ 18.5 厘米之间、手宽均值为 7.0 ~ 8.0 厘米之间、手面积均值为 131.0 ~ 138.0 平方厘米之间、足宽均值为 8.5 ~ 9.0 厘米之间、足面积均值为 205.5 ~ 213.0 平方厘米之间、大腿围均值为 49.5 ~ 52.5 厘米之间、小腿围均值为 33.5 ~ 34.0 厘米之间、踝围均值为 20.5 ~ 21.0 厘米之间、上臂放松围均值为 25.5 ~ 32.5 厘米之间、上臂紧张围均值为 28.0 ~ 33.0 厘米之间；上臂处皮褶厚度均值为 10.5 ~ 12.0 毫米之间和肩胛处皮褶厚度均值为 9.5 ~ 11.5 毫米之间；反应呼吸机能指标如肺活量均值为 3585.5 ~ 3684.0 毫升之间、肺活量/胸围均值为 40.5 ~ 43.5 毫升/厘米之间、指距－身高均值为 5.0 ~ 7.0 厘米之间，以上指标均值 80 年代我国优秀游泳运动员与 2000 年以后优秀游泳运动员虽有一定的差别，但并未达到显著性差异。

通过对我国女子长距离自由泳 80 年代优秀游泳运动员与 2000 年以后的优秀游泳运动员躯干部的比较分析可知，女子长距离自由泳 2000 以后运动员的身高、坐高明显高于 80 年代运动员，而 2000 年以后运动员之间相比无显著性差异，由上面可知 80 年代运动员与 2000 年后运动员坐高身高并无显著差异，可知 2000 年以后女子长距离自由泳运动员在保持原有躯干比例的基础上，躯干部长度指标整体有所增长。2006 年运动员的转子间宽指标明显减小，流线型指数均值成减小趋势，且 80 年代运动员与 2006 年运动员相比具有非常显著性差异，体型指数

2006年运动员显著增高，综合转子间宽、流线型指数、体型指数三指标的变化趋势，可推知2006年运动员的体型特征较好更符合水中减阻的形态学要求。

从我国女子长距离自由泳80年代优秀游泳运动员与2000年以后优秀游泳运动员上肢部的比较分析可知，2000年以后的女子长距离自由泳运动员指距、上肢长、前臂加手长均值较80年代运动员成明显的增长，而2000年以后运动员之间相比无显著性差异。在上臂紧张围与上臂放松围无显著性变化的情况下，上臂松紧围度差2006年运动员有明显的减小，由此可推知2006年运动员上臂力量有所下降。

通过对我国女子长距离自由泳80年代优秀游泳运动员与2000年以后优秀游泳运动员下肢部的比较分析可知，2000年以后女子长距离自由泳运动员下肢长B、小腿加足高两指标较80年代运动员有较为显著的增长，而2000年以后运动员之间无显著性差异。跟腱长指标以2006年运动员的增长最为明显，提示2006年女子长距离自由泳运动员下肢爆发力较好，有利于缩短出发入水时间；2000年以后运动员的大腿长与小腿加足高指标均值要明显小于80年代运动员，而2000年以后运动员之间相比无显著性差异，这与游泳运动打腿运动中，在腿部总质量不变的前提下，大腿短一些、小腿长一些有利于增大打水的冲量的要求是一致的，说明2000年以后运动员下肢长度比例更趋于合理。

另外，女子腹脐旁处皮褶厚度均值随年代的推移成明显减小趋势，以2006年运动员均值最低且表现出显著性差异。

由以上的讨论结果可知，女子长距离自由泳运动员2000年以后运动员身高、坐高、指距、上肢长、前臂加手长显著高于80年代运动员，而2000以后运动员之间无显著性差异；由转子间宽、流线型指数、体型指数三指标的变化趋势，可推知2006年运动员的体型特征较好，更符合水中减阻的形态学要求；由上臂围度指标的变化情况可知2006年运动员上臂力量有所下降；下肢长、小腿加足高、足长2004年运动员要显著高于80年代运动员，小腿加足高、跟腱长2006年运动员要显著高于 80 年代运动员，而下肢部指标 2000 年以后运动员之间相比均无显著性差异。

8. 我国女子蛙泳运动员的形态特征分析

通过对我国女子蛙泳 80 年代优秀游泳运动员与 2000 年以后优秀游泳运动员的形态学比较分析发现，我国女子蛙泳运动员 80 年代运动员与 2000 年以后运动员相比在下列形态指标上并无显著差异的。躯干部指标如肩宽均值为 37.5 ~ 39.0 厘米之间、坐身高比均值为 53.5 ~ 54.0 之间；肢体部指标指距－身高均值为 5.0 ~ 7.0 厘米之间、前臂加手长均值为 41.0 ~ 43.5 厘米之间、手宽均值为 7.5 ~ 8.0 厘米之间、足长均值为 24.0 ~ 25.0 厘米之间、足宽均值为 9.0 ~ 9.5 厘米之间、足面积均值为 219.0 ~ 225.0 平方厘米之间、上臂紧张围均值为 28.5 ~ 30.0 厘米之间、小腿围均值为 33.5 ~ 35.0 厘米之间、踝围均值为 20.5 ~ 21.5 厘米之间；呼吸机能及皮褶厚度指标如肺活量均值为 3718.5 ~ 4182.0 毫升之间、肺活量/胸围均值为 41.0 ~ 45.5 毫升/厘米之间、肩胛处皮褶厚度均值为 9.5 ~ 12.0 毫米之间，以上指标均值 80 年代我国优秀游泳运动员与 2000 年以后优秀游泳运动员虽有一定的差别，但并达到显著性差异。

通过对我国女子蛙泳 80 年代优秀游泳运动员与 2000 年以后优秀游泳运动员躯干部的比较分析可知，2000 年以后的女子蛙泳运动员身高、坐高、胸围三个指标均值皆高于 80 年代运动员，其中身高指标的增长最为明显，而 2000 年以后的运动员之间相比并无显著变化；2006 年运动员转子间宽均值成明显下降趋势，复合指标流线型指数 2006 年运动员成显著减小趋势，而体型指数 2006 年运动员成显著增大趋势，可推知 2006 年女子蛙泳运动员体型特征较好，更符合于水中减阻的形态特征。

从我国女子蛙泳 80 年代优秀游泳运动员与 2000 年以后优秀游泳运动员上肢部指标的比较分析可知，2000 年以后的运动员指距、上肢长、手长三指标较 80 年代运动员有较为显著的增长，而 2000 年以后的运动员之间并无显著差异，手面积均值也成增长趋势。上臂放松围均值成增长趋势，其中 2006 年运动员与 80 年代运动员相比有较为显著地增加，而上臂松紧围度差却以 2006 年均值最低，提示 2006 年女子蛙泳运动员上臂肌肉力量有所下降。

通过对我国女子蛙泳 80 年代优秀游泳运动员与 2000 年以后优秀游泳运动员下肢部指标的比较分析可知，2000 年以后运动员下肢长 B 指标均值高于 80 年代运动员，但并无显著性差异；而小腿长加足高与大腿围两指标 2000 年以后的运动员显著高于 80 年代运动员，但 2000 年以后的运动员之间并无显著差异；在下肢长 B 均值无显著性增大，且小腿加足高均值显著增大的情况下，而大腿围均值逐渐增大，说明女子蛙泳运动员大腿部有增粗的趋势，这可能与蛙泳运动员腿部动作大多数情况是动用下肢的大肌肉群完成工作有关，蛙泳的腿部动作不仅要保持身体的平衡，而且还要产生较大的推进力以提高游速，因此蛙泳的腿部动作也较其他泳式重要。跟腱长指标 2006 运动员较 80 年代的运动员均值增加较为明显，大腿长与小腿加足高的比值 2000 年以后的运动员都在显著小于 80 年代运动员，这与游泳运动打腿运动中，在腿部总质量不变的前提下，大腿短一些、小腿长一些有利于增大打水的冲量的要求是一致的，说明 2000 年以后运动员下肢长度比例更趋于合理。

另外，对我国女子蛙泳 80 年代优秀游泳运动员与 2000 年以后优秀游泳运动员皮褶厚度的比较分析可知，上臂处与腹脐旁处皮褶厚度及体脂百分比三个指标 2000 年以后的运动员都要显著高于 80 年代运动员。

由以上的讨论结果可知，女子蛙泳 2000 年以后的运动员身高、坐高、胸围三指标要高于 80 年代运动员，而从转子间宽、流线型指数、体型指数三个指标的变化趋势来看，2006 年女子蛙泳运动员体型特征较好，更符合于水中减阻的形态特征；2000 年以后的运动员指距、上肢长、手长要显著好于 80 年代的运动员，由上臂放松围和上臂松紧围度差的变化趋势可推知 2006 年女子蛙泳运动员上臂肌肉力量有所下降；

女子蛙泳运动员下肢长 B 无显著性差异，而 2000 年以后运动员的小腿加足高与大腿围均显著高于 80 年代的运动员；跟腱长均值成增长趋势，尤以 2006 年最为明显，2006 年游泳运动员下肢爆发力较 80 年代运动员有显著提高。上臂处与腹脐旁处皮褶厚度及体脂百分比三指标 2000年以后的运动员较 80 年代运动员有显著性增加。

9. 我国女子混合泳运动员的形态特征分析

通过对我国女子混合泳 80 年代优秀游泳运动员与 2000 年以后优秀游泳运动员的形态学比较分析发现，我国女子混合泳 80 年代运动员与2000 年以后运动员相比在下列形态指标上并无显著差异的。躯干部指标如肩宽均值为 38.0～39.5 厘米之间；肢体部手宽均值为 7.0～8.0 厘米之间、足宽均值为 8.5～9.5 厘米之间、上臂紧张围均值为 27.5～29.5 厘米之间、大腿围均值为 50.5～52.5 厘米之间、小腿围均值为33.5～34.5 厘米之间、踝围均值为 20.0～21.0 厘米之间；肩胛处皮褶厚度均值为 9.5～11.0 毫米之间；呼吸机能指标如肺活量均值为3708.0～4020.0 毫升之间、肺活量/胸围均值为 41.0～44.0 毫升/厘米之间；指距－身高均值为 3.5～7.0 厘米之间，以上指标均值 80 年代我国优秀游泳运动员与 2000 年以后优秀游泳运动员虽有一定的差别，但并达到显著性差异。

通过对我国女子混合泳 80 年代优秀游泳运动员与 2000 年以后优秀游泳运动员躯干部指标的比较分析可知，2000 年以后的运动员较 80 年代运动员在身高、坐高两指标上有显著的增长趋势，而 2000 年以后的运动员之间相比并无显著差异；2000 年以后的运动员坐高与身高比指标成明显的减小趋势，可推知 2000 年以后的运动员坐高所占身体的比例明显减小，下肢比例明显增大；转子间宽及复合指标流线型指数以2006 年运动员的减小最为明显，同时，体型指数以 2006 年运动员有明显的增加，由转子间宽、流线型指数、体型指数三个指标综合看出2006 年运动员体型较好，更符合于水中减阻的形态特征。

从我国女子混合泳 80 年代优秀游泳运动员与 2000 年以后优秀游泳运动员上肢部的比较分析可知，2000 年以后运动员的指距、上肢长、前臂加手、手长、手面积五个指标较 80 年代运动员具有明显的增长，而 2000 年以后运动员之间相比并无显著差异，由此可见 2000 年女子混合泳运动员较 80 年代运动员上肢部指标整体上有所改善，上肢长度的增加有利于提高每幅划距、每频划水效果，有利于提高游速；上臂放松围均值 2000 年以后的运动员较 80 年代运动员有所增长但并无显著差异，而上臂松紧围度差均值以 2006 年运动员为最低，提示 2006 年女子混合泳运动员上臂肌肉力量有所下降。

通过对我国女子混合泳 80 年代优秀游泳运动员与 2000 年以后优秀游泳运动员下肢部指标的比较分析可知，2000 年以后运动员在下肢长 B、小腿加足高、足长、足面积四指标与 80 年代运动员相比皆具有显著性增大，而 2000 年以后的运动员之间相比并无显著性变化，跟腱长指标以 2006 年运动员的增长最为明显，提示 2006 年女子混合泳运动员下肢爆发力量较好，大腿长与小腿加足高的比值 2000 年以后的运动员要低于 80 年代运动员，但不表现出显著性差异。

另外，上臂处皮褶厚度 2000 年以后运动员要显著高于 80 年代运动员，而 2000 年以后运动员之间相比并无显著差异，而皮脂厚指标 2000 年以后运动员要显著小于 80 年代运动员。

由以上的讨论结果可知，女子混合泳 2000 年以后运动员的身高、坐高、胸围、指距、上肢长、前臂加手、手长、手面积、下肢长 B、小腿加足高、足长、足面积指标都要显著大于 80 年代运动员，但 2000 年以后的运动员之间相比并无显著性差异；由坐身高比和下肢比指标可知坐高所占比重有所降低，而下肢所占比例相应升高；由转子间宽、流线型指数、体型指数三指标的变化趋势，提示 2006 年运动员体型较好，更符合于水中减阻的形态特征；由上臂放松围与上臂松紧围度差两指标可知 2006 年运动员上臂肌肉力量有所下降；由跟腱长指标提示 2006 年女子混合泳运动员下肢爆发力量较好。

10. 我国女子中短距离自由泳运动员的形态特征分析

通过对我国女子中短距离自由泳 80 年代优秀游泳运动员与 2000 年以后优秀游泳运动员的形态学比较分析发现，我国女子中短距离自由泳运动员 80 年代运动员与 2000 年以后运动员相比在下列形态指标上并无显著差异的。躯干部指标如坐身高比均值为 53.5～54.0 之间、肩宽均值为 38.0～39.0 厘米之间无显著性差异；上肢部指标如指距－身高均值为 5.0～6.0 厘米之间、前臂长加手长均值为 40.0～43.0 厘米之间、手长均值为 17.5～18.5 厘米之间、手宽均值为 7.5～8.0 厘米之间、手面积均值为 135.0～139.0 平方厘米之间、上臂紧张围均值为 28.5～31.0 厘米之间；下肢部指标如小腿围均值为 33.5～35.0 厘米之间、踝围均值为 20.5～21.0 厘米之间、足宽均值为 8.5～9.0 厘米之间、足面积均值为 210.5～226.0 平方厘米之间；皮褶厚度指标如上臂处均值为 10.0～11.5 毫米之间、肩胛处均值为 10.5～11.0 毫米之间及体脂百分比均值为 16.5～18.0% 之间、肺活量/胸围均值为 41.0～43.5 毫升/厘米之间、肺活量均值为 3740.5～3947.0 毫升之间，以上指标均值 80 年代我国优秀游泳运动员与 2000 年以后优秀游泳运动员虽有一定的差别，但并达到显著性差异。

通过对我国女子中短距离自由泳 80 年代优秀游泳运动员与 2000 年以后优秀游泳运动员躯干部指标的比较分析可知，2000 年以后的运动员身高、坐高、胸围三指标均显著高于 80 年代运动员，而 2000 年以后运动员之间相比并无显著性差异；2006 年运动员的转子间宽指标明显降低，流线型指数 2000 年以后的运动员均显著低于 80 年代运动员，而 2006 年运动员的体型指数显著增高；由以上三指标的变化趋势可知 2006 年女子中短距离自由泳运动员的体型特征较好，更符合水中减阻的流线型特征。

从我国女子中短距离自由泳 80 年代优秀游泳运动员与 2000 年以后优秀游泳运动员上肢部的比较分析可知，2000 年以后的女子中短距离自由泳运动员的指距、上肢长两指标显著高于80年代运动员，而2000年以后的运动员之间相比并无显著差异；前臂加手长指标只有2004年运动员显著高于80年代运动员；2006年运动员上臂放松围指标显著增大，而上臂松紧围度差最小，提示2006年女子中短距离自由泳运动员上臂力量有所下降。

通过对我国女子中短距离自由泳80年代优秀游泳运动员与2000年以后优秀游泳运动员下肢部的比较分析可知，2000年以后的女子中短距离自由泳运动员下肢长B、小腿加足高两指标要显著高于80年代的运动员，而2000年以后的运动员之间相比并无显著差异；足长指标以2004年均值为最高，跟腱长指标成增长趋势，且2006年运动员与80年代运动员相比具有显著性差异；大腿围指标2000年以后的运动员要显著高于80年代的运动员，而2000年以后的运动员之间相比并无显著差异，这种变化趋势与下肢长度指标的变化趋势相似，推测可能是随肢体长度的增长而围度相应增加的自然增长过程。2000年以后的运动员大腿长与小腿加足高的比值要显著高于80年代的运动员，而2000年以后的运动员之间相比无显著性差异，提示2000年以后的运动员与80年代运动员相比，大腿短而小腿长，这有助于增大打水的冲量，下肢比例更为合理。

另外，2000年以后的女子中短距离自由泳运动员腹脐旁处皮褶厚度及皮脂厚两指标均低于80年代运动员，而2000年以后的运动员之间相比并无显著差异。

由以上的讨论结果可知，2000年以后的运动员身高、坐高、胸围、指距、上肢长、下肢长B、小腿加足高均显著高于80年代运动员，从转子间宽、流线型指数和体型指数三指标可以看出2006年女子中短距离自由泳运动员的体型更符合水中减阻的流线型特征；2006年运动员上臂放松围指标显著增大而上臂松紧围度差最小提示上臂力量有所下降；下肢围度的增加与下肢长度的增长相似，2000年以后的运动员下肢比例更趋于合理。

11. 我国女子仰泳运动员的形态特征分析

通过对我国 80 年代优秀女子仰泳运动员与 2000 年以后优秀游泳运动员的形态学比较分析发现，我国女子仰泳运动员 80 年代运动员与 2000 年以后运动员相比在下列形态指标上并无显著差异的，躯干部指标坐高均值为 90.5～93.0 厘米之间、坐身高比均值为 53.5～54.5 之间、肩宽均值为 38.5～39.5 厘米之间；上肢部指标指距－身高均值为 5.0～7.0 厘米之间、手长均值为 17.5～18.0 厘米之间、手宽均值为 7.5～8.0 厘米之间、手面积均值为 134.0～136.0 平方厘米之间、上臂紧张围均值为 28.0～29.5 厘米之间、上臂放松围均值为 25.5～28.0 厘米之间；下肢部指标下肢长 B 均值为 84.0～88.0 厘米之间、足长均值为 23.0～24.0 厘米之间、足宽均值为 8.5～9.0 厘米之间、足面积均值为 203.0～206.5 平方厘米之间、小腿围均值为 33.0～34.0 厘米之间、踝围均值为 20.0～20.5 厘米之间；皮褶厚度有上臂处均值为 8.5～11.0 毫米之间、肩胛处均值为 10.0～11.0 毫米之间和体脂百分比均值为 16.0～17.5% 之间、肺活量均值为 3477.5～3697.5 毫升之间。

通过对我国女子中短距离自由泳 80 年代优秀游泳运动员与 2000 年以后优秀游泳运动员躯干部指标的比较分析可知，2000 年以后的运动员身高均值皆高于 80 年代运动员，其中以 2004 年运动员的增长最明显，胸围指标 2000 年以后的运动员显著高于 80 年代运动员，而 2000 年以后的运动员之间相比并无显著性差异，转子间宽指标及其复合指标流线型指数以 2006 年运动员明显减小，而体型指数 2006 年运动员又明显增大，由此三指标的变化趋势可推知 2006 年游泳运动员的体型更符合水中减阻的形态学特征。

从我国女子中短距离自由泳 80 年代优秀游泳运动员与 2000 年以后优秀游泳运动员上肢部指标的比较分析可知，2000 年以后的运动员的指距、上肢长、前臂加手三指标均值与 80 年代运动员都有所增加，除 2004 年运动员的前臂加手指标比 80 年代运动员有明显增加外，其它各指标都不具显著性差异；在上臂紧张围与上臂放松围无显著性变化的情况下，2006年运动员上臂松紧围度差明显减小，提示2006年女子运动员上臂力量有所下降。

通过对我国女子中短距离自由泳80年代优秀游泳运动员与2000年以后优秀游泳运动员下肢部的比较分析可知，2000年以后的运动员较80年代运动员的小腿长加足高指标有明显的增加；2006年运动员的跟腱长指标显著增大，提示2006年运动员的下肢爆发力较好；大腿围指标2000年以后的运动员与80年代运动员相比具有显著性增加，而2000年以后的运动员之间相比并无显著性变化。大腿长与小腿加足高的比值2006年运动员有明显的减小，提示2006年运动员的下肢比例更趋于合理。

另外，2000年以后的女子仰泳运动员腹脐旁处的皮褶厚度明显低于80年代运动员，而2000年以后的运动员之间相比并无显著变化。

由上的讨论结果可知，2000年以后的女子仰泳运动员身高、指距、上肢长、前臂加手均值皆高于80年代运动员；胸围、小腿长加足高指标2000年以后的运动员显著高于80年代运动员，由转子间宽、标流线型指数、体型指数三指标的变化趋势可推知2006年游泳运动员的体型更符合水中减阻的形态学特征；2006年运动员上臂松紧围度差明显减小提示上臂力量有所下降；跟腱长指标显著增大，提示2006年运动员的下肢爆发力较好；2006年运动员的跟腱长指标显著增大，大腿长与小腿加足高的比值的明显减小，提示2006年运动员的下肢爆发力较好，下肢比例更趋于合理。

12. 我国女子蝶泳运动员的形态特征分析

通过对我国女子蝶泳80年代优秀游泳运动员与2006年优秀游泳运动员的形态学比较分析发现，反应躯干比例的指标如坐高身高比均值在53.5~54.5之间、指距－身高均值在5.5~6.5厘米之间、手长均值在17.0~18.0厘米之间、手宽均值在7.0~8.0厘米之间、手面积均值在

129.5～134.5平方厘米之间、足宽均值在8.5～9.0厘米之间、足面积均值在204.0～210.5厘米之间、肩宽均值在38.0～39.0厘米之间、肺活量均值在3414.5～3631.5毫升之间、肺活量/胸围均值在39.5～40.5毫升/厘米之间、上臂紧张围均值在28.5～29.5厘米之间、肩胛处皮脂厚度均值在9.0～11.5毫米之间、皮脂厚均值在24.5～27.5毫米之间、上臂长与前臂长比均值在1.0～1.5之间，以上指标80年代我国优秀游泳员与2006年运动员均值有一些差别，但均不具有显著性差异。

从反应躯干长度及围度的指标可以看出，2006年运动员在如下指标下有所增长，如身高均值增长上近6.8厘米、坐高均值增长了4.7厘米，而反应躯干比例的指标坐高身高比均值2006年运动员与80年代运动员相比并无显著差异，可见我国女子蝶泳运动员是在保持原有躯干比例的基础上躯干长度有了显著性的增加；反应躯干围度的指标胸围均值增加了近6.0厘米。而2006年运动员的转子间宽及流线型指数两指标均值分别比80年代运动员减小了2.1厘米和1.4，而体型指数均值却增加了19.6，而此种体型特征的变化趋势更符合于水中运动时形态减阻的流线型特征。

从数据分析的结果来看，2006年运动员有关反应上肢长度的指标整体上也成增长趋势，如2006年运动员指距均值增加了6.2厘米、上肢长均值增加了3.0厘米、前臂长加手长均值增加了1.6厘米；反应上肢围度的指标如上臂紧张围2006年与80年代运动员相比无显著差异，而2006年运动员上臂放松围却显著增大（均值增加了近2.0厘米），同时2006年运动员上臂松紧围度差又有减小的趋势，提示2006年我国女子蝶泳运动员上臂力量有所下降。

2006年运动员与80年代运动员相比在反应下肢长度的指标上也明显增长，如下肢长B指标均值增加了2.9厘米、小腿长加足高均值增加了3.3厘米、跟腱长均值增加了3.1厘米、足长均值增加了0.7厘米、而反应下肢比例的指标如大腿长与小腿长加足高比均值却比80年代运动员减少了0.1，这与游泳运动打腿运动中，在腿部总质量不变的前提下，大腿短一些、小腿长一些有利于增大打水的冲量的要求是一致的，说明 2006 年运动员下肢长度比例更趋于合理。反应下肢围度的指标 2006 年运动员与 80 年代运动员相比也成显著增加的变化，如大腿围均值增加了 3.9 厘米、小腿围均值增加了 1.4 厘米、踝围均值增加了近 1.0 厘米，此种下肢围度变化的趋势与下肢长度变化的趋势相似，推测此种变化趋势是下肢围度随下肢长度的增长而围度相应增加的自然增长结果。

另外，2006 年运动员与 80 年代运动员相比上臂处皮脂厚均值增加了 2.5 毫米、而腹脐旁处皮脂厚均值却减少了 4.2 毫米、同时 2006 年运动员的体脂百分数均值增加了 2.3%。

综合以上各个专项运动员的形态纵向变化特征，可以看出多数专项 2000 年以后的运动员身高、胸围指标与 80 年代运动员相比都有所增加，而反应躯干比例的指标如坐高身高比无太大变化，肩宽指标大多数专项运动员也无显著变化，但转子间宽 2000 年以后的运动员却有所减小，2006 年运动员尤为明显，由肩宽和转子间宽两指标复合而成的流线型指数明显减小、体型指数明显增大，据以往研究经验推知 2006 年运动员的体型更符合与水中运动时的形态减阻特征。2000 年以后的大多数专项运动员上肢部指标整体上成增长趋势，这种变化趋势有利于增大每幅划距、提高每频划水的效果；而下肢部指标多数专项 2000 年以后的运动员，以小腿加足高和跟腱长的增加较为显著，这种趋势使下肢的比例更趋于合理，同时提示 2000 年以后的运动员下肢部的爆发力可能优于 80 年代运动员，但还需要进一步的研究加以证实。2000 年以后的运动员躯干及肢体部的指标的整体改善，不但是我国科研工作者科学选材工作努力的结果，也和我国优秀游泳运动员的选拔体制有很大的关系，同时也是竞技体育的优胜劣汰的竞争机制筛选的结果，是多种因素综合作用的结果。与世界优秀游泳运动员相比，中国运动员在身体形态方面仍存在一定的差距，进一步缩短差距，选出具有良好潜质的好苗子仍是科学选材工作的重点。以往关于各个专项游泳运动员体型特征的研究多是运用游泳各专项间运动员的形态指标对比分析来探讨，本文是从纵向对比的研究角度来探讨我国优秀游泳运动员的形态特征，自然会有其不足之处有待改善。随着社会经济的发展，国民体质已经有了很大的改善，自然作为国民中的一个特殊群体——运动员的体质也会有一定的改变，在观察游泳各个专项运动员形态纵向变化的基础上，各个专项运动员之间横向的对比，对于我们更好地把握各个专项运动员的形态特点现阶段的变化规律也很重要，应在以后的工作做进一步的补充。

（徐　刚）

参考文献

1. 程燕、林洪. 参加第27届奥运会游泳比赛的中国运动员的基本形态分析报告. 中国体育科技，2001年（第37卷）第10期13～18页

2. 罗智. 我国优秀游泳运动员形态模型研究. 成都体育学院，2005年（第31卷）第5期93～97页

3. 张明飞、马仑、程燕. 游泳运动员选材理论与方法的研究. 成都体育学院学报，2005年（第31卷）第3期，第66～69页

4. 王建国、邹晓琳. 谈游泳运动员的科学选材. 龙岩师专学报，2005年6月（第18卷）增刊，第185～186页

5. 吴骅. 对我国优秀游泳运动员形态机能特点的研究. 1982届北京体育大学硕士研究生论文

6. 田麦久. 运动训练学. 人民体育出版社，2000年8月第2版

7. 张大超. 我国优秀游泳运动员训练过程监控系统研究. 北京体育大学博士学位论文

8. 谭明义. 我国男子竞技游泳水平落后原因分析及对策研究. 北京体育大学学报，2005年（第28卷）第2期，263～265页